Seadove

Seadove

Seadove

Seadove

阿德勒說了些什麼

所有的煩惱，都是人際關係的煩惱！

可以讓自己更好的，
只有你自己！

不要給我貼上標籤，
這樣是忽視我、否定我，甚至放棄我！

葉舟 著

ALFRED
ADLER

前言：你要清楚怎樣過好這一生

你在為你的人生煩惱嗎？

你總是在思索活著的意義嗎？

你的夢想被現實摧毀了嗎？

你的財富人生開始了嗎？

激烈的競爭社會，快一秒與慢一秒的距離就是生存與死亡。成就卓越的法則就是，你要嘛成為成功者，創立自己的人生帝國；要嘛成為一個平庸的人，碌碌無為地度過自己的一生。那麼，你會成為什麼樣的人呢？你的出路又在哪裡？

有智者說：「思想宛如一塊磁鐵，它只吸引它類似的東西，與你思想相左的東西是不大可能產生的，你的成就首先是在你的思想上取得的。」人生有很多困惑和迷茫，當你失去人生方向的時候，是因為你的思想不夠完善，因為思維決定一個人的人生，頭腦清晰和理智的人、乃至成功的人應該懂一點哲學，這樣會讓一個人活得更理性更智慧。那麼，我們該如何面對我們的人生，我們該如何去活著呢？就讓我們走進心理學家阿德勒，去聽一聽他是怎麼說的。

阿爾弗雷德・阿德勒，奧地利精神病學家。個體心理學的創始人，人本主義心理學先驅，現代自我心理學之父，是佛洛伊德的學生之一，但也是精神分析學派內部第一個反對佛洛伊德的心理學體系的心理學家。阿德勒有《神經病的形成》、《自卑感》等著作，他將精神分析由生物學定向的本我轉向社會文化定向的自我心理學，對後來西方心理學的發展具有重要意義。

阿德勒拋棄了佛洛伊德的性本能和潛意識，把目光轉向社會文化環境和外在因素，他注重於兒童的社會責任感，透過社會興趣的研究來強調每個人都是社會的一員，對於社會的興衰和人類的進化都有自己應盡的責任，且認為人們都有一種追求向上的意志和願望。我們不再看到佛洛伊德那種對社會的悲觀失望，乃至喪失信心，而是讓人們感到耳目一新，看到未來生活的美好，從而對未來和自己充滿信心。

本文從阿德勒的視角，結合當下人們最關心的話題，從七個方面去解讀人生。有對人生價值的高見，有對肉體和靈魂的解讀，有對人生勇氣的認識等。透過解析阿德勒的名言警句，我們可以看到這位心理學家所推崇的人生哲學，在聆聽豐富而實用的哲學思想的同時，讓我們找到成功的力量，幫我們從殘酷的競爭叢林中脫穎而出，成為未來的頂尖社會精英。

目錄

前言：你要清楚怎樣過好這一生

第一章：阿德勒談人生——人生價值的真正意義

人生活於意義之中 12
角色伴隨著責任而存在 15
每個生命都是獨一無二的 19
自我完善比接受教育重要 23
告訴你，過去的你不是你 27
認識自己，挑戰自己 32
依賴是成功最大的敵人 37

認識充滿神秘感的「自我」 41
一定要積極認定自己 44
不要忽略了自己的潛能 49

第二章：阿德勒談靈魂——讓心靈支配你的肉體

心靈和肉體是一種完美的合作 54
生存還是生活？這值得深思 57
殘缺中往往孕育著強大的靈魂 61
學會讓心靈和肉體更契合 64
不要讓自己的肉體缺乏意識 67
內心忠於自己所堅持的目標 70
肉體裏的意識才是人生的寶藏 74
克服嫉妒，你會變得更強大 78
肉體的美源於心靈之美 82
認真地傾聽內心的聲音 86
人的高貴在於他有靈魂生活 90

第三章：阿德勒談勇敢——讓自卑的心充滿勇氣

人因為自卑，所以發展 94
身體缺陷不是自暴自棄的理由 97
自卑感將喚醒追求更高目標的願望 100
懂得去自我認同才會被認同 104
敢於向自己的弱點宣戰 108
充滿自信，你能面對任何挑戰 111
信心是一個人成功的動力 115
誰都可以擁有意義非凡的人生 119
找一找我們的優勢在哪裡 122
確立屬於自己的優越感目標 128

第四章：阿德勒談個性——用完美性格面對世界

阿德勒談人的性格 132
活著一定要注重個人魅力 135
自己的個性是成功的階梯 139

認清楚塑造自己個性的目的 143
積極的性格成就你的一生 146
人的性格都可以改造得更完美 150
好性格是錘鍊出來的 154
自己的性格自己來決定 158
換掉性格系統中的那塊短板 162

第五章：阿德勒談困苦——敢於迎接人生的挑戰

困難是通向成功的必經關卡 166
不服輸的人就會有希望 170
不幸的開始能讓人幸運地成功 173
生命的真諦需要不滿足的精神 177
生活中沒有註定的失敗者 181
執著是打破人生堡壘的力量 185
挫折是社會賦予的獨特禮物 189
營造一個創造型人生 193

有勇氣的人永遠不失自尊 197

第六章：阿德勒談交際——不為人際關係而煩惱

締結友誼是人類最古老的願望 202
用一生去呵護你的友誼 206
充分理解朋友是社會關係的基礎 211
只有沒有教養者才希望與人保持距離 214
極力營造歡樂的生活氣氛 218
快樂是彌合人與人之間距離的情感 221
自私的人很難獲得他人認可 224
忽視身邊人即將其推向冷漠的世界 228
合作是開啟人格之門的鑰匙 231
以謙卑的心獲得更多的人讚揚 235

第七章：阿德勒談情說愛——讓愛情成就幸福一生

愛是一種依附關係 240

家庭和事業相輔相成 *244*
愛情和婚姻有合作的一面 *247*
生活中不能將伴侶理想化 *251*
婚姻也需要準備和學習 *254*
愛，一定要學會主動表達 *258*
讓做家務成為一種藝術 *261*
家庭生活中，不需要權威 *264*
在婚姻中獲得愛的滿足 *268*

第一章

阿德勒談人生——人生價值的真正意義

阿德勒認為，人生應該是一個生命的起點到生命終點的過程。在這個過程中有沒有意義或產生的意義，是個人能感知的，這種感知是主觀性的，既然個人的人生意義與所處的社會有著密切關係，其人生意義也應由社會對其客觀的評價。他意在告訴人們，只有認識到人生的真正意義，才能活出最大價值。

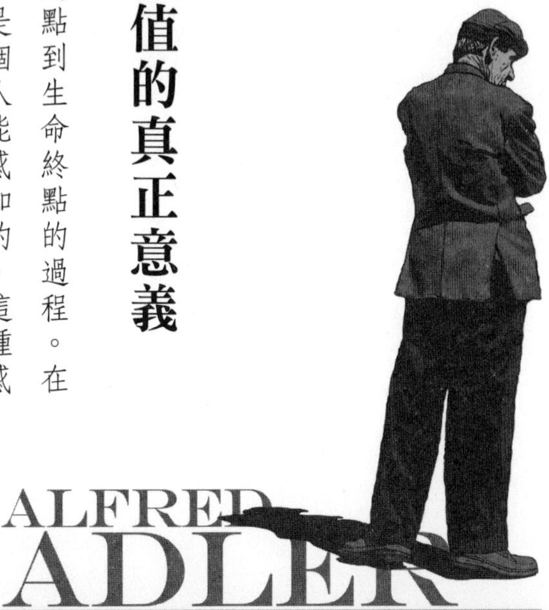

人類生活於「意義」的領域之中。

——阿德勒

人生活於意義之中

我們生活在意義之中，在意義的領域裏我們所體會的並不是單純的環境，而是感受環境對人的重要性。這是阿德勒所創建的心理學的核心。

阿德勒說：「生命的意義不可勝數，並且如我們所說，每種意義都可能有其不實之處。既然無人知曉生命的絕對意義，任何能為人所用的意義就不是完全錯誤的。所有意義都介於這兩個極端之間，然而我們也知道：有些意義很有效，有些卻較糟糕；有些錯小些，有些卻錯得大。我們還能發現什麼為較好的闡釋所共同具備的，什麼為那些稍欠人意的闡釋所缺少的。我們可以從中找到真理的一個公共尺度，一個公共的意義。該意義能幫助我們解釋與人有關的現實社會。在此，我們必須牢牢記住：『真』是針對人類而言的，針對人類的計畫和意圖而言。除此之外，別無真理。即使別有真理，也與我們無關。我們既無法知道這些真理，而這些真理也毫無意義。」

人類生活在「意義」的領域中，我們所經歷的事物，並不是抽象的，而是從人的角度來體驗的。即使是最原始的經歷，也受限於我們人類的看法。「木頭」指的是「與人類相關的木頭」，而「石頭」指的是「作為人類生活中因素之一的石頭」。一個人如果試圖脫離意義考慮環境，那將十分不幸。他將因此與他們隔離開來，而他的行動於人於己也毫無益處。無人能脫離意義。我們是經由我們賦予現實的意義來感受現實的。我們所能感受到的，不現現實本身，而是經過闡釋的現實。因此，我們可以順理成章地下結論：這一意義或多或少總是未竟的、不完整的，甚至不完全正確。所以，意義的領域就是充滿錯誤的領域。

然而，正如很多時候人們並不是被事物本身所惑，而是被我們自己對事物的看法所惑一樣。對於生活的意義，我們都習慣以我們自己賦予它的意義去感受它，也正因如此，我們所感受的並不是真正的意義，而是經過我們自己解釋加工過的意義。所以在意義的領域裏是充滿錯誤的、不完全的。可是，倘若有人因此就想脫離意義的範疇而使自己生活在單純的環境之中，這也是不現實的，不幸的。因為，他將從此自絕於他人，別人對他沒有任何意義，他的舉動也對別人發揮不了絲毫的作用。只是想像一下就覺得很可悲。

讓個性發展，讓社會精神在我們周圍傳播，是阿德勒在他的個體心理學中宣導的。生活中，我們會發現當我們提高了對社會的興趣，從而改變自己在生活中曾經存在過的錯誤價值觀念時，也就是我們開始認真體會人生意義的時候。其實正如阿德勒所說，「生命所遭遇的最大困難，以及會對他人造成最大傷害的，就是那些對人類整體沒有興趣的個體，就是這類個體，導致了我們人類所有的失敗」。

生活真正意義的標誌是能夠和他人分享，被別人認定為有效的東西。

——阿德勒

角色伴隨著責任而存在

我們到底為什麼而活？什麼又是我們生活的意義？每個人都只把這個問題和對它的答案表現於自己的行為之中。而且，很少有人能真正清楚地回答這個問題。但是這卻是我們誰也無法逾越的問題，因為每個人的生活都必須要有意義。不然當我們年逾古稀、回首往事時，我們會因為自己碌碌無為而羞恥，會因為自己毫無意義的一生而悔恨。

對於到底什麼才是生命的意義這個困擾我們大多數人的問題，心理學大師阿德勒又是怎樣回答的呢？阿德勒認為，生活真正意義的標誌是能夠和他人分享，被別人認定為有效的東西。

因為即便是天才，也只能是因為他的生活被他人認定為是自己所需的，才被稱之為天才的。當然這並不是要你為別人而活，只是希望我們都能擁有一種社會精神。

佛特郡有一個古老的小鎮，迪克的家就住在這個小鎮上。

聽老人們說，火車很早就經過小鎮，他的家鄉曾經十分繁榮昌盛，後來經濟蕭條帶走了小鎮的非凡熱鬧，連教堂高高的塔尖上的那四只老鐘也停止了行走。人們決計要喚醒那些代表著小鎮悠久歷史的老鐘。在一次全鎮民的聯席會上，迪克——一個剛滿十八歲的商場服務員，竟被選為每天為鐘開發條並校準時間的人。

一個星期後，滿頭銀絲的鐘錶匠莫爾頓師傅剛修理完大鐘，迪克就來向他討鑰匙。不料他提出，要迪克「到鎮上走一遭，看看各種大鐘的情形，談一談體會」，才能將教堂老鐘的鑰匙交給他。真是個怪老頭，可迪克又拗不過他。

這天下班，迪克開始關注鎮上所有的鐘。嘿，還真有新發現，不管是鎮府大廳的，還是銀行、證券交易所的，這些鐘不是停著，就是走得並不準確。他還注意到許多人經過這些鐘時，會持起袖子對一下手錶。迪克真想大聲告訴他們正確的時間，以防人們誤了上教堂做晨禱的時刻，錯過證券交易所開盤的時機，讓焦急等待約會的戀人滿腹失望。

迪克又信步沿著鐵路走去，高高的路基上有一座黃色的舊磚房，這是搬運工馬里蘭夫婦家。馬里蘭大叔值完通宵班正在休息，馬里蘭大嬸卻迎風坐在屋前，原來她正在傾聽，傾聽呼嘯的北風是否會帶來遠處奔馳前進的隆隆火車聲。

「你們沒有錶嗎？」迪克好奇地問。

「有啊。可我們老啦，眼花啦。」

原先，馬里蘭夫婦可以依據教堂的鐘聲對時間，而如今他們只能輪流值班來護衛鐵路。離開小屋，迪克的心不安地翻騰著。

「我們這裏不是缺少鐘，而是缺少責任。」迪克表述了自己的體會。

莫爾頓老人笑了：「好，請記住一個守鐘人的責任。」隨即就將一把粗粗的黃銅鑰匙交給他。

月色中，迪克套上沾滿油污的工裝，一路攀登上去。他獨自一人來到鐘塔下，鑽進漆黑的塔樓。

「我一定要讓這古老的大鐘走得像老人們記憶中的那麼準確，全鎮人的分分秒秒都應當滴答在同一個節拍上。」推開四扇沉重的鐘面，他把頭伸向夜色迷茫的星空，上完發條，抹完潤滑油，一一校準了四個鐘面上共八根胳膊般粗細的指針。他又用手絹使勁地擦拭鐘面。他要讓四只大鐘像運轉良好的機器那樣，永遠保持步調一致。

兩年過去了，教堂的大鐘已經重新成為人們生活中的一部分。比如說，在繁忙的郵局，一個什麼人大聲問道：「現在幾點了？」人們不約而同地持起袖子看一眼腕上的手錶，或者掏出懷錶，異口同聲說：「十二點了。」並且照例會加上一句：「我剛對過教堂的大鐘。」

一個負責任的人，在完成一件事時，總會做好一切該做的事情，這樣，他就會成為一個值得信賴的人。所以，做事時要是得過且過，敷衍了事，就不會有人將重擔託付給我們。有許多人本來具有出色的能力，卻因為不具備勇於負責的精神，一生平淡，無所建樹，甚至經常出現疏漏，結果讓自己逐漸平庸下去。因無作為，便無地位可言。相反，另外有一些人，剛開始表現得並不出色，但為了改變自身的境況，他們勇挑重擔，全身心地、盡職盡責地投入到工作之中，結果，慢慢取得了成就，個人地位也不斷晉升。

要知道我們都會同時扮演不同的角色，每一種角色也都會伴隨著一份責任而存在，然而這份責任並不是負擔，而是一種需要。被他人需要，就是生命存在的價值。因為被需要，生命才變得更有意義，具有存在感。試想有那樣一天，你不再被任何人需要，也不需對任何人負責，你的存在除了對你自己，對任何人都沒有意義的時候，會是怎樣的情景。你會因此覺得沒有責任而感到輕鬆自在嗎？不！因為那帶給你的不是無責的輕鬆，而是無盡的空虛與孤獨。

每個人都有他的生活意義，他的姿勢、態度、動作、表情、禮貌、野心、習慣、性格特徵等都遵循這個生活的意義，每個人的作風、行動中都蘊藏著他對這個世界和他自己的看法，他似乎斷言：「我就是這個樣子，宇宙就是那種形態。」這便是他賦予生命與自己的價值及意義。

——阿德勒

每個生命都是獨一無二的

「人人生而平等。」世界上沒有完全一樣的兩片葉子，每個生命都是唯一的，沒有高低貴賤之分，每個認真努力生活的個體都有他存在的價值與意義。無數個唯一的生命構成這個大千世界，作為這無數個唯一中的一員，你有權利更有義務為這個生活的世界添上濃重的一筆。

我們沒有辦法選擇以怎樣的外在來到這個世界，也無法選擇迎接我們的是怎樣的環境。但是一旦你的雙腳踏上了這片土地，你的人生就只掌握在你自己的手中了，除了你自己任何人也沒有權利決定你人生的走向。與此同時也不要依靠任何人。家人可以給你人生的指導，做你最堅強的後盾，但是他們不能替你品嘗人生的酸甜苦辣；朋友可以給你扶持，陪你共進退，伴你走一過人生的許多重要的時刻，但是他們也有自己的人生去完成。

你不能當自己生活的旁觀者，當你勇敢地邁出第一步，接受生活中隨之而來的一切，你就獲得了屬於你自己的人生。生命只有一次，但是都被賦予了綻放的機會，只看你能否將它抓住。理想與現實之間最難的只有第一步。所以，珍惜你所擁有的，用上帝創造的獨一無二的你，邁出勇敢的一步，為自己打造一個美好而有意義的人生。

如何才能讓自己成為獨一無二的人呢？很簡單：做自己！因為只有敢於活出自我本色的人，才能真正成為生命的主角，成為自己命運的主宰。

有一個叫凱麗的女孩，她從小就特別靦腆而敏感，而且她一直很胖，而她的臉更是讓她看起來比實際還胖得多。凱麗的母親認為把衣服弄得漂亮是一件很愚蠢的事情。她總是對她說：「寬衣好穿，窄衣容易弄破。」同時，母親總照這句話來打扮凱麗。凱麗也從來不和其他的孩子一起做室外活動，甚至不上體育課。她非常害羞，覺得自己和其他人都不一樣，是一個不討人喜歡的女孩子。

長大之後，嫁了人的凱麗仍然沒有改變。丈夫一家人都很好，也充滿了自信。凱麗盡最大的努力學著像他們一樣，可是她怎麼也做不到。而家人為了幫助凱麗變得開朗而做的每一件事情，都只是令她更退縮到她的殼裏去。她開始變得緊張不安，躲開了所有的朋友，情況最糟糕的時候甚至到了連門鈴響都害怕的地步。凱麗知道自己有些自閉，可又怕她的丈夫會發現這一點，所以每次他們出現在公共場所的時候，她都假裝很開心，甚至有時裝得有點過頭，事後，她也會為此難過好幾天。

最後，痛苦的凱麗覺得再活下去已經沒有什麼意思了，她想到了自殺。

但是有一天，婆婆的一句話點悟了她。那天，她聽到婆婆談自己怎麼教養幾個孩子。婆婆說：「不管事情怎麼樣，我總會要求他們保持本色。」

「保持本色」這幾個字像一道靈光閃過腦際，凱麗明白了原來所有的不幸都起源於她把自己套入了一個不屬於自己的模式中去了。

凱麗後來回憶道：「在一夜之間我整個改變了。我開始找出自我。我試著研究我自己的個性、自己的優點，盡我所能去學色彩和服飾知識，儘量以適合我的方式去穿衣服，主動地去交朋友。我參加了一個社團組織——起先是一個很小的社團——他們讓我參加活動，把我嚇壞了。

可是，我每一次發言，都能增加一點勇氣。今天我所擁有的快樂，是我從來沒有想到可能得到的。」

一句「保持本色」的提醒，讓凱麗解放了自己，恢復了健康的心態，從而也找回了自信與快樂。凱麗經歷苦難才學到的教訓告訴我們：不論發生什麼事，**我們都應該永遠保持自我，活出自己的精彩，活出全新的自我。**

每個人都有自己特定的優缺點，我們實在沒有必要因為某些世俗的觀念，就將自己改造成他人。這個世界上的每個人都是獨一無二的。別人怎麼看我們那是他個人的問題，與我們沒有多大關係；我們怎麼樣看待自己，才是最重要的。我們應該認清自己的需求，重新排列自己價值觀的優先順序，把自己擺在第一位。做自己認為對的事，成自己想成為的人，這樣我們才會做出屬於自己的獨特事業，開創出與眾不同的人生局面。

完善自我意味著我們的內心必須具備這樣一種衝動：對改善自我的渴望。

——阿德勒

自我完善比接受教育重要

阿德勒說：「教育是人類依靠書籍和教師來逐步發展自己心智的過程。」然而在現在，即使一個人因為各種原因失去了受教育的機會，他也不必灰心喪氣。因為，他仍然可以為自己找到一條接受教育的途徑，那就是透過「自我完善」。事實上，我們身邊存在著眾多「自我完善」的機會，也存在著大量有助於「自我完善」的資源。如今，我們可以找到各種各樣有益的資源。比如，質優價廉的圖書、免費對公眾開放的圖書館以及夜校等。在這種情況下，如果一個人還以教育資源稀缺為藉口來逃避「自我完善」的話，就無法令人信服了。

在生活中，我們總是喜歡做一些無聊且浪費時間的事情，比如看閒書、打撲克、講故事、毫無目的地閒逛等。我們白白浪費了這些大好的時光。所以如果你有改善自我的欲望，那麼你就要努力去戰勝自己，戰勝那個玩物喪志的自己，唯有如此，你才能實現自己的目的。對於那些力求自我完善的人來說，我們必須戰勝阻礙我們前進的「獅子」——自我放任。只有戰勝了這個敵人，你我才能夠取得進步。

人們年輕時利用休閒時間的方式，往往為以後的人生定下了基調。它讓人們知道他是否已經心如死灰，或者他是否僅僅把人生當作了一次享樂的旅程。

許多年輕人會發現，他們一不留神就已經被自己的競爭對手甩在了身後。但是，透過自我反省，他們會發現這種落後是必然的。因為他們停止了努力，沒有進行廣泛的閱讀以充實自己的知識體系，浪費了許多可以好好利用的時間。這樣當別人在不斷進步的時候，他只能在原地踏步了。而原地踏步就等於退步，不是嗎？

把休閒時間用來閱讀和學習不僅是一種正確的選擇，也是你目光高遠的體現。歷史上就有許多利用休閒時間進行學習的著名事例。這些成功人士並沒有把休閒時間用來享樂，而是利用一切可利用的時間，甚至犧牲了一部分睡眠時間和進餐時間來進行學習。

伊萊休・波利特當年的學習環境極其艱難，但是他卻取得了巨大的成功，成為了美國著名的慈善家、語言學家和社會活動家。

十六歲時，伊萊休・波利特在一個鐵匠鋪做學徒。他必須整天待在那裏工作，有時甚至還需要加夜班。但是，在這樣艱苦的條件下，他還是不斷地充實自己。他會在口袋裏隨身裝上一本書，一有空閒時間，他就會拿出來閱讀。晚上看，休息日也看，甚至連吃飯的時候也在看。總之，他利用一切可以利用的時間來學習，任何時間都不放過。每天早上，當那些家境富裕的孩子或者貪玩的孩子還在床上伸懶腰、打哈欠，剛剛睜開惺忪的睡眼，年輕的波利特就已經開始學習了。

出於對知識的追求，對完善自我的強烈欲望，他戰勝了前進道路上的一切障礙。一位富有的紳士曾提出資助波利特到哈佛大學去讀書，但是被他拒絕了。波利特認為雖然自己每天要在鐵匠鋪裏花上十二～十四個小時，但是自己依然有能力利用自學來獲取學識。波利特是一個有著堅定決心的人。在鐵匠鋪上班之餘，憑藉著自己擠出來的零星時間，在一年的時間裏，他就掌握了七門外語。在如此艱難的環境中能夠取得如此偉大的成就，實在是令人震驚的。

在阿德勒時代，人們要獲取知識是相當困難的。那時書籍不僅數量少而且價格高，學習條件也和現在有著天壤之別。

在過去，人們在每天繁忙工作之餘，仍然要堅持不懈地學習。藉助昏暗的燭光，努力克服身體上的疲倦，以便使自己進入一種忘我的學習狀態之中。其中的艱辛，我們可想而知。但是，就是在這樣艱苦的環境下，還是湧現出了許多取得傑出成就的偉大人物，這不得不讓人感到驚嘆和佩服。一些成功的人士不得不面臨身體上的病痛，甚至殘疾，然而他們頑強地克服了這些困難。相比之下，我們目前的學習環境已經優越了許多。在我們周圍，完善自我的機會比比皆是，書籍也是汗牛充棟，但是我們取得的學識卻遠沒有前人那樣多，這實在值得我們認真反思。

你一旦給我貼上標籤，你就是在否定我。

——阿德勒

告訴你，過去的你不是你

你是誰？當你聽著一個人這樣問你的時候，你的內心在想些什麼？你是不是著急忙慌地在自己的頭腦中閃回出無數過往的畫面，然後，你在總結了這些畫面的基礎上，志滿意得地或者垂頭喪氣地告訴問者：「我是一個成功者」、「我是一個失敗者」、「我是一個畫家」、「我是一個學生」、「我是一個奴隸」……

阿德勒說，當人們在回答「你是誰？」這個問題時，幾乎每一個人都不得不從過去的經驗裏總結出一個合乎自己現在狀態的身分。這是人們自我認識的一個普遍規律。我們總是要從過去他人對自己的評價、自己的各種行為中來自我界定，自我認識，這本無可厚非。但是，我們也應該警覺，這樣毫無顧慮地對自己進行界定，往往會蒙蔽自己對自己潛在能力的認識，限定今後自己的發展道路。

所以阿德勒說：「你一旦給我貼上標籤，你就是在否定我。」是啊，當一個人被別人貼上標籤的時候，這個人的潛在能力就已經遭到了他人的忽視。同理，當我們對自己貼上標籤時，我們也已經放棄了發展其他潛能的可能。

這是一個到處貼著標籤的世界。商店櫥窗裏貼著標有商品價值的標籤，制服上貼著區別不同工種的標籤，不同單位的門前擺著表明各自職能的標籤……標籤已經成為我們界定這個世界的唯一標識，以至於賈西亞·馬奎斯在他的諾貝爾文學獎獲獎作品《百年孤寂》中描寫出了這樣一個情節：馬康多的村民在失眠症的侵擾下開始慢慢地失去記憶，以至於阿德里亞諾家族的人不得不將自己家裏的東西貼上標籤，才能識別這些東西的作用。但是，當記憶完全失去的時候，誰又能知道雞蛋和桌子的區別呢？為了把握這個豐富多彩的世界，人類不得不將其分類打包，區別對待。

在這種集體的無意識之中，人們也愛上了為自己貼上一張標籤。這張標籤有時來自他人，有時來自自己，但更多的時候卻是二者的綜合。

透過這張標籤，你確定了自己的身分，感知到了自己的存在。存在感，這是我們可以心態平和地生存下去的重要原因。但是，當我們時刻感受到自己的存在感時，我們也正沉溺於過去的歷史當中。太陽每天都是新的，新的事物在不斷地出現，而存在感卻在阻止著我們去嘗試新的東西。因為，當我們接觸到這些新的事物時，我們通常會因為無所適從而感到焦慮不堪。於是，標籤成為了我們逃避現實的一個十分有效的藉口。當你接觸陌生的數學知識時，你可以說「我是文科生」，從而加以拒絕；當你需要增加自己的電腦技能時，你可以說「我是老年人」，從而加以逃避。一個標籤，可以給我們提供眾多逃避的藉口。無論什麼時候我們想逃避一種活動，無論什麼時候我們想掩飾自己能力的不足，我們都可以為自己找到一個合適的標籤。

當你對自我加以界定，並喜歡上以標籤來推搪事情的時候，你就註定在今後的日子裏無法獲得更多的發展。你會保持原狀，你會丟掉發現更多自己的機會。這樣的話，我們也就不難理解，一個學習不好的人為什麼無法提高自己的成績，一個生性靦腆的人為什麼越來越孤僻。因為，當他們被這些標籤所束縛的時候，他們就會做出符合標籤所界定的行為，而這些行為又會進一步加深他們對自我的既定認知。

標籤是一種對你過去的評價，但是，我們不能將標籤認為是一生的論定。因為，我們的內心為我們儲備了無窮的智慧和潛在能力，我們必須靈活多變地將它們開發出來。這樣，我們才是一個發展的人，一個完整的人。

為了消滅掉既定的標籤心理，我們必須認真做好如下幾個方面。

一、打破過去的刻板思想。每個人都是從過去中成長、發展的，過去給我們提供了養料，但是也禁錮了我們的思想。因此，我們必須決心打破過去所形成的刻板思想，使自己對新出現的事物產生足夠多的興趣，使自己樂意去嘗試新的東西，不斷地豐富自己。「問渠那得清如許，為有源頭活水來。」對於堵塞我們思想源頭的石頭，必須馬上除去。

二、認識到標籤的危害。標籤的危害上文已經進行了詳細的論述，這裏只想再次強調，以便引起你我的重視。我們不是商品，我們不是從模子中出來的成品，我們是具有極大可塑性的人類，我們有無限的發展可能。

三、制訂不同於以往的計畫。循規蹈矩限制了一個人的創新能力，使我們無法發現自己其他方面的潛力。制訂一個不同於之前的計畫，並馬上加以實行，弄清楚自己在哪些方面還具有發展的潛力。

四、請一些朋友進行監督。一個擁有堅強毅力的人，是不用別人監督的。但是，大部分人卻經常缺乏這種可貴的品質，因此，我們需要一些人來對自己進行監督。監督的好處有二：一是促使自己順利完成改造標籤心理的計畫；二是如果在執行計畫的過程中出現了偏差，可以有人及時地對你加以提醒。

五、樹立一種堅定的信念。只有強大的信念，才能摧毀既有的觀念，占領心靈的高地。在前文，我們已經知道，當我們不停地對自己進行積極暗示的時候，我們的內心便會建立起一種牢固的信念。因此，在消除標籤心理的過程中，我們可以用同樣的方式來達到我們的目的。對著你的內心，請真誠地默念，「過去的你不是你」。

阿德勒告訴我們，過去的你不是你，你是早晨的朝陽，你時刻都是新的，你擁有著廣闊的前途，眾多的潛力。過去的你已經消逝，當前的你才冉冉升起。你不懷念過去，也不陶醉於未來，你就是當前的你，一個擁有無限塑造可能的你。

我們總是容易被標籤遮蔽發現的雙眼，從而限制了自我發展的廣度和深度。

——阿德勒

認識自己，挑戰自己

聞名於世的希爾頓酒店有一套行之有效的人事安排制度，而這來源於一次應屆畢業生的招聘。

希爾頓酒店在建立之初，招進了一批應屆畢業生。如何安排這批畢業生，成了老闆希爾頓考慮的重中之重。因為，這是一批有才華的年輕人，如果不能將其安排在合適的崗位上，很可能埋沒了這些人才。而像往常一樣，一個一個地進行選拔則太浪費時間。希爾頓一時沒了主意。這時，一個年輕人向希爾頓提出了一個建議：「雖然我們對這些人不瞭解，但是他們必定會對自己有所瞭解。所以，我們不妨將職位羅列出來，讓他們自己挑選。」

希爾頓採納了這個方法。在這個方法的指導下，大多數都找到了適合自己的職位。而一些無法確定自己適合哪方面崗位的人，則被派去做些雜活。很快，這家剛成立的酒店就開業了。

此時，希爾頓突然想起了那個為他出主意的年輕人。他找來那個年輕人，詢問他的基本情況。這個年輕人回答道：「我叫布里奇，是你剛招聘來的畢業生。不過，現在我已經是你的人事主管了！」希爾頓聽後哈哈大笑：「你說得不錯，在進行招聘的時候，你就已經在實行人事主管的職責。你不做人事主管，還能由誰來做呢！」

之後，希爾頓酒店的人事安排都是遵從這一制度。

認識自己，你才能找到適合自己的位置，才能發揮自己的潛力，把自己淬煉成為一匹千里馬。否則，你只能碌碌無為，「只辱於奴隸人之手，駢死於槽櫪之間」了。

由此可見，在我們決定認識自己的同時，我們就已經開始向自己發出挑戰了。因為，認識自己並非一件易事。阿德勒指出：「我們總是容易被標籤遮蔽發現的雙眼，從而限制了自我發展的廣度和深度。」

日本保險業推銷之神原一平就曾有過這樣的經歷。當時，他得到了一位高僧的指點，要求他改變自己的性格。原一平馬上對自己做了一番深刻的反省，但是，他發現，當他越是想要瞭解自己的時候，自己卻變得越發模糊，甚至已經成了一個自己根本不認識的陌生人。為此，原一平發動自己的客戶參加「批評原一平」集會，讓他們暢所欲言，批評指正自己的錯誤和缺點。

為了能夠使自己籌畫的「批評原一平」集會收到預期中的效果，原一平制定了三項原則：

一、為了保證每個人都可以暢所欲言，集會的人數將控制在五人以內。

二、每次邀請的對象都不能相同。

三、熱情地招待這些參加集會的客戶。

制定完原則後，原一平又對集會做了進一步的細化：

一、集會的目的是為了批評原一平，指出原一平的缺點。

二、集會要每月按時舉行。

三、集會的地址要選在安靜的餐館裏，以晚餐的形式舉行。

四、集會每次邀請五人，並選出一人作為此次集會的負責人。

五、集會邀請過的人，至少一年後才能再次參加。

六、集會之後，向參加集會的客人贈送禮物。

就這樣，原一平通過籌畫的「原一平批評」集會，開始向自己發起挑戰。第一次批評會，就使原一平收穫頗豐。他的客戶言無不盡：

——你的個性太過急躁，容易發火，沉不住氣。

——你的脾氣太壞，親和力太差，而且不細心，經常粗心大意。

——你總是剛愎自用，自以為是，聽不進別人的意見，這樣很容易導致失敗。你必須要傾聽他人的意見。

——你不會拒絕，總是很輕易地答應別人的請求，這樣會導致你的信譽危機。因為，只要你達不到你的承諾，別人就會傳播你失信的惡名。

——你欠缺豐富的知識。你是要和各種各樣的人打交道，因此你必須擴大自己的知識面，只有這樣你才能和每個人找到共同的話題。

——千萬不要為了目的而不擇手段。人與人之間的關係，只有真誠才能長遠。因此，你不能唯利是圖，而要使自己的經商過程中帶有人情味。

經由集會，原一平對自己有了深入的瞭解。在這些真誠的建議和批判中，他不斷地向著自己的缺點發起衝擊，終於將其一個一個地加以解決。原一平曾不無感觸地說：「每一個人一生當中，最要緊的就是及時發現自己的劣根性，並有能力將其克服。……一個推銷員之所以難成大器，就是因為他不能克服自己的劣根性，沒有能力向自己挑戰。這種克己修身的過程，就是一個人人格成長的過程。一個人之所以無法取得成功，我想，正是因為他未能通過這一段人格成長的考驗吧！」

所以阿德勒說：「一個人如果想要認識自己，那麼他已經對自己發起了挑戰。這種挑戰是艱苦卓絕的、曠日持久的，但也是催人奮進的、發人深省的。只有向現在的自己發出挑戰，我們才能跳出過去生活的藩籬；只有向現在的自己發出挑戰，我們才能發生新的自己，才能創造新的生活。」

「這輩子，只能這樣嗎？」當你內心深處蹦出這樣的自我疑問時，你就已經有了挑戰自我的動力。這時，請你及時行動起來，認識自我，挑戰自我吧！

這或許就是存在於我們大多數人心中的一個錯誤觀念，即我們認為只要依賴他人，持續不斷地得到他人的幫助，那麼我們終將會取得屬於自己的成功。

——阿德勒

依賴是成功最大的敵人

阿德勒說：「每一個正常的人都可以做到獨立自主，但是注重培養這方面能力的人卻少之又少。事實上，我們所見的很多人都在依賴於某些事物或某個具有一定能力的個人。有的依賴於金錢，有的依賴於自己的朋友，有的依賴於自己的外表，有的依賴於自己的出身。」是的，對於大多數人來說，要想依賴別人，走別人走過的路，仿效他人或是讓別人幫你來思考、擬定計畫和完成工作，這是再舒服不過的事情了，因為這根本不需要你自己的努力。

然而，實力是靠自己的努力得到的，正如你不能透過觀看他人的鍛鍊來加強自己身體上的肌肉。事實上，沒有一件事情會像養成依賴他人的習慣那樣會大大地削弱一個人獨立自主的能力。一旦你依賴於他人，你將永遠不會變得強大。

自己的問題自己辦，當我們還沒盡力時，我們如果放棄本來很多我們自己可以解決的問題，那就同時意味著我們自己放棄了自己解決自己問題的一切可能性，放棄了自己親手解決問題後的那份喜悅！所以，遇到困難時，真正能幫助我們的只有自己。

有的人為了不讓自己的孩子像他們奮鬥時一樣吃苦，就不惜一切代價要給自己的孩子提供一個優越的環境。殊不知，這樣做反而會害了自己的孩子。父母為孩子所提供的優越條件，往往會成為阻礙他們進步的絆腳石。要知道，我們人類天生就是善於依賴他人的模仿者。為了生存，我們很容易就會養成依賴他人、模仿他人的習慣。而一個年輕人所需要的則是主動性和拚搏的精神，如果你給他提供了拐杖，那麼他們就不會獨立行走了。只要你為他們提供了幫助，那麼他們就會對你產生依賴。

所以阿德勒說：「如果你想鍛鍊自己的韌性，磨練自己的意志，那麼你就得依靠自己。如果你寄希望於他人，那麼在你內心所產生的，只能是依賴性。」

是的，心安理得的接受他人的資助，會讓你認為自己沒有必要付出更多地努力和奮鬥，因為會有人為自己鋪墊好一切。如果你心裏產生了這樣的想法，那麼你早晚會被這樣危險的想法所吞噬。

在我們的生活中，我們可能會經常遇到這樣一種人：他們總是在等待幸運之神降落到自己頭上。雖然他們無法確定這些幸運的事情會是什麼，但是他們總是在期待著、盼望著，希望自己生命中的貴人早日出現。

因此，在這樣的想法下，他們不願意主動地接受良好的教育，不願意去努力地積聚獲取成功的資本，他們想當然地認為，在某種冥冥之中的力量幫助下，他們在起步的階段就會比他人具備更大的優勢；就會獲得啟發，找到一種領先他人的方法。

或許，最讓我們感到噁心的事情就是，一個健康的小夥子，他有著寬厚的肩膀、粗壯的小腿、適當的體重，但是他卻總想著不勞而獲，將自己的雙手插在褲兜裏，站在那裏向別人尋求幫助。

可是，「天道酬勤」。那些只知道等待別人的幫助，等待幸運女神的眷顧，等待別人把錢主動地放在他的面前，或者祈求任何形式資助的人，是不可能取得真正成就的。

事實就是，那種從來不寄希望於他人的幫助，能夠堅定的依靠自身奮鬥的人往往能夠獲得最終的成功。

如果你養成了依靠他人的習慣，那麼你的自信心將會受到極大的摧殘。要知道，自信才是取得所有成就的奠基石。

一個大型公司的高層領導曾經談到，他一直試圖將自己的兒子趕到其他公司去，因為在那裏他將受到真正的磨練。他不希望自己的兒子剛剛步入職場就跟隨在自己的左右，這樣做，很可能使兒子對自己產生依賴，進而妨礙了兒子前進的腳步。

或許這就是為什麼孩子們在受到父親或者親屬的扶持時總是難有成就，而當他們完全自食其力，被迫去做一些事情或是讓自己承擔失敗的後果時，他們往往能在很短的時間內培養起驚人才幹的原因吧。

一旦你拒絕了外界對你的幫助，那麼你就會迅速地提高自己的技能；一旦你克服了依賴的秉性，那麼你就踏上了成功的道路。

人在認識「自我」方面，即使是一件再明確不過的事情，往往不經別人提醒，自己也無法感覺到。

——阿德勒

認識充滿神秘感的「自我」

有位社會學家曾經調查過，在一百個人當中，僅有七、八個人才真正知道自己或認識自己，而且還是比較抽象的認識。

不信，問問自己，究竟對自己瞭解到了怎樣的程度？你能具體說出你的視覺速度、注意力的範圍、記憶力的好壞、反應的快慢、聯想力的強弱？不知道這些，或知道得不大清楚，怎麼能說瞭解自己呢？你是不是覺得這太偏激了？

阿德勒曾說過：「對自己的瞭解不僅僅是最困難的事情，而且也是對人最殘酷的事情。人，這個奇怪的生靈總是在企圖永遠逃避現實！」有人說：「我知道一切，但不知道自己。」還有人把「知道你自己」列為人生最大的難題。

「認識自己」是個重大課題，曾使人類文明史上多少思想家為之困惑，多少哲學家為之嘆息，多少心理學家為之焦灼！

認識自己難，實在難。而且這種現象有著極大的普遍性。甚至許多偉大人物也不能很好地解決這個問題。如歌德早年喜歡繪畫，到發現自己的詩歌天賦，「差不多花了半生光陰」。巴爾札克辦過印刷廠，當過出版商，曾經經營過軟木樹，開採過廢棄的銀礦，致使債臺高築，難道說這與他缺乏自知之明無關嗎？

阿德勒認為，在人的靈性裏面隱藏著眾多深邃複雜的元素。人有一種神奇的「自我」世界。一本書曾這樣寫道，在學校裏，學習語言學和數學等自然科學和社會科學課程時，你能夠保持最佳思維；在工作崗位上，你可以提出卓越的分解和處理問題的巧妙辦法，可一涉及「自己」，大腦的運轉往往會變得意想不到的遲鈍，這是為什麼呢？

為了解答這個問題，阿德勒提出了「你瞭解自我嗎」這個問題，要你能夠毫不猶豫地在「是」和「不是」兩種答案中作出選擇。他接著指出，如果不瞭解自我的深層含義，在這樣或那樣感覺的支配下，你是很難作出回答的。

我們知道，「自我」人稱「社會我」，而這個「社會我」無疑是自我創造的，但是自己卻不一定認識。這是因為在對象認識的類別中，並不包括以自身為對象的情況，它必須是對脫離對象以外事物的認識。這樣，在「對象認識」以外，還應該有「自我認識」。這就是說，人的認識大概可以分為「對象認識」和「自我認識」。由於常常犯角色混淆的毛病，這種認識能力總是很容易向對象認識方面偏離，而要想轉向自我認識這方面，則是很困難的。比如說，如果有人問你，在這個世界上，對你自己來說，最親近的是誰呢？是父母？兄弟姐妹？老師？親密朋友？戀人？還是其他？一般人在填寫中很容易首先意識到從父母到戀人這五種人，尤其是難捨難分的戀人和親密無間的朋友，但卻忘記了這個世界上與自己最親近的人恰恰就是自己。

為什麼會產生這種現象呢？讓我們拿小孩做遊戲來說明。倘若有五個小孩在做遊戲，如果你問其中一個小孩：「這裏有幾個小朋友在做遊戲？」奇怪的是大多數小朋友在認真計算後，會鄭重其事地告訴你：「四個人。」令人不可思議的是這種現象不僅僅只出現在小孩子身上，也同樣發生在青年人和成年人身上，可以說是常見的、人類自身存在的一種普遍現象。

當你明白自我認定的演變過程，那麼就有機會去拓展你的自我認定，乃至整個人生。

——阿德勒

一定要積極認定自己

阿德勒說：「你所持有的觀念常常對你一生都有著決定性的作用。其中，對自我的客觀認定和評價更具重要意義。可以說對自己有一個什麼樣的認定就可能決定你有一個什麼樣的人生。因為一個人對自己有一個清醒的認識之後，就會給自己隨時補課或讓自己的優勢進一步擴充。這樣的觀念和意識必然導致一個人的人格和能力進一步完善、進而更好地立足於社會。」

我們不難發現，我們常常會一味認定自己是個什麼樣的人，卻無視於這樣的認定是否正確；也就是因為這樣的認定，所以大大地影響了我們的人生。

有一個人參加同學會時，突然被要求談一些有關最近盛行的海外旅遊話題。由於這是他頭一次在眾人面前講話，所以話中常有斷續和緊張的情況出現。但是同學會結束後，其中有一位老同學卻跑來跟他說：「你所講的內容非常有趣，希望今後有機會能再聽你演講。」在被這位老同學恭維之前，他從未想過嘗試在公眾面前講話。於是他開始覺得自己並不是那麼差勁，對自己的演講才能多了一份信心。後來，這個人竟然成為企業經營問題的專門演說家了。

人生實在是奇妙，不管我們是怎樣地認定自己，哪怕那種認定是不好的或有害的，最終我們的人生必然會跟著那種認定走。

譬如說，你堅決相信自己不夠聰明，那麼當這個念頭真的控制了你的腦子，你就會發現它真的無法靈光起來。改變自我認定是件不可能的事，也就是我們常聽人們說的：「我就是這個個性，改不掉！」人生若是持這種態度，根本就是在扼殺可能的機會，從而給自己留下永久而無可改變的難題。

對於大部分人來說，要他改變某些行為並不是件多麼困難的事，然而要他改變自我認定就不簡單了，甚至還會招來他的敵意。一個人最根本的信念就是對自我的認定，假若觸犯了這種認定就會給他造成難以忍受的痛苦，有些人就因為堅守對自我的認定，甚至不惜犧牲自己的生命。

在阿德勒看來，如果你在生活中一直嘗試作某些特別的改變，卻一再地失敗，千萬不要灰心。自我認定可以從多次嘗試改變著手，只要你能表裏如一，最後就必定能夠成功。如果你還有心，更可以擴展這個自我認定，它必然可以迅速且奇妙地改善你的人生品質。他說：「當你明白自我認定的演變過程，那麼就有機會去拓展你的自我認定，乃至整個人生。」

紫博拉是一位精力充沛、熱愛冒險的女性，但她可不是一開始就是這個樣子。她是經過一個自我認定的轉變才成為現在這個樣子的。她說：「我小時候是個膽小鬼，我不敢做任何運動，凡是可能受傷的活動我一概不碰。」參加過幾次羅賓的研討會後，她有了一些新的運動經驗（潛水、赤足過火和高空跳傘），從而知道自己實際上可以做到一些事，只要有一些壓力即可。雖然她是這麼想的，可是這些體驗還不足以使她形成有力的信念，改變她先前的自我認定，她自認為是個「有勇氣高空跳傘的膽小鬼」。

依她的說法，當時轉變還沒發生，可是她不知道，事實上轉變已經開始。她說其他人都很羨慕她那些表現，告訴她：「我真希望也能有你那樣的膽子，敢嘗試這麼多的冒險活動。」一開始，她對大家的誇獎的確很高興，聽多了之後她便不得不質疑起來，是不是以前錯估了自己。

「最後，」紫博拉說道：「我開始把痛苦跟膽小鬼的想法連在一塊兒，我決心不再把自己想成是個膽小鬼。」事情並不是這麼說說便完了，事實上她的內心有很強烈的爭戰，一方是她那些朋友對她的看法，一方是她對自己的認定，兩方並不相符。後來又有一次要高空跳傘，她把它當成是改變自我認定的機會，要從「我可能」變成「我能夠」，而讓想冒險的企圖從而擴大為敢於冒險的信念。

當飛機攀升到一萬英尺的高空時，紫博拉望著那些沒什麼跳傘經驗的隊友和他們都極力壓抑著內心的恐懼，但故意裝作興致很高的樣子，她告訴自己：「他們現在的樣子正是過去的我，而此刻我已不屬於他們那一群，今天我可要好好地展示一下自己的魅力。」她運用了他們的恐懼，來強化出她希望變成的新角色，她心裏說道：「那就是我過去的反應。」隨之，她很驚訝地發現自己剛剛已歷經了重大的轉變，她不再是個膽小鬼，而成為一個敢冒險、有能力、正要去享受人生的女性。

她是第一位跳出飛機的隊員。下降時，她一路興奮地高聲狂呼，似乎這輩子就從沒有這麼有活力過。她之所以能夠跨出自我設限的那一步，主要的原因就在於，她一下子採取了新的自我認定，從而自心底想好好表現，以作為其他跳傘者的好榜樣。

紫博拉的轉變很完全，因為新的體驗使她能一步步淡化掉舊的自我認定，從而做出決定，去拓展更大的能力範圍。她新的自我認定使她成為一位真正敢於冒險的領導者。

自我認定的轉換很可能是人生中最有趣、最神奇和最自在的經驗，這也就是何以有那麼多成人會一整年都盼望著新年和自己的生日，其中一個原因是這兩個節慶能使他們走出自我，而改換成期望的另外一個自我。這個暫時的自我可能會讓他們有勇氣去做那些平常不敢做的事，而那些事他們一直想做卻不敢做，跟他們平日的自我認定不夠積極有關。

只要我們能積極地認定自我，我們就可以隨時去做我們想做的事。人的潛能是無窮的，或者純粹就是讓「真實的自我」顯現出來，去除過去及現在所貼在身上的一切標籤，那麼你就一定會是最棒的！

每一個人，即使是創造了輝煌成就的巨人，在他的一生中，利用的潛能還是很少的。

——阿德勒

不要忽略了自己的潛能

你的潛能有多大？請你仔細回憶自己有沒有做過連自己也吃驚的事情。只要下決心想，肯定能找出來。

有一天，拿破崙和一個侍衛策馬揚鞭，在一片大森林裏馳騁。「救人！救人！有人掉進水裏啦！」遠處傳來一陣陣緊急的呼救聲。「啪！啪！啪！」拿破崙用鞭猛抽三下馬，坐騎便風馳電掣般地向呼救的地方奔馳而去。

當趕到湖邊時，拿破崙看到一個士兵正在水裏手忙腳亂地掙扎，同時尖叫著向湖中心漂沉，岸上的幾個士兵則驚慌失措地大聲呼喊。

拿破崙高聲發話：「他會游泳嗎？」

「他只能比劃幾下，現在已不行了。請問陛下，我們現在應該怎麼辦呢？」一個士兵惴惴不安地答話。

「別慌！」拿破崙馬上從侍衛手裏拿過一枝步槍，並向落水士兵大聲吆喝：「你還往湖中心游嗎？還不快向岸邊游來！」話音剛落，他平端槍身，朝那人的前方連開兩槍。

落水者剛聽到拿破崙的命令，就傳來「叭！叭！」兩聲槍響，只見身前高高地濺起兩朵水花。他在驚恐中急忙調轉方向，「撲通撲通」地朝拿破崙所站的湖邊游來。一會兒，這士兵便游到了岸邊。

落水的士兵得救了，他渾身濕漉漉的，像一隻「落湯雞」。他轉過身子，發現持槍站在那幾個士兵旁邊的竟是拿破崙，嚇得魂飛魄散，連忙拜謝：「陛下，我不小心掉進湖裏，幸虧您救了我。只是卑下不懂，我快要淹死了，您為什麼還要槍斃我？」

拿破崙哈哈大笑：「傻瓜，不嚇你一下，你還有勇氣游上岸嗎？那樣你才會真的淹死呢！」

士兵們拍拍腦袋，恍然大悟，朝拿破崙投去敬佩的目光。原來，拿破崙是用死來逼出士兵的求生意識，進而游回岸邊，達到了救人的目的。

阿德勒說：「每個人對自己瞭解最少。對一個人來說，瞭解自己是非常困難的。對自己的顯能也並不完全瞭解，更何況潛能。」

世界潛能大師安東尼・羅賓曾講過這樣一個真實故事：有個叫梅爾龍的美國人，十九歲到越南打仗，被流彈打傷了背部，經治療後沒法行走，被醫生確診為殘疾，此後靠輪椅生活了整整十二年。可生活在輪椅上的日子實在太難熬，於是他經常借酒消愁。有一次他飲酒後坐著輪椅從酒館回家，途中碰上三個劫匪搶他的錢包。他拚命掙扎，劫匪竟放火燒他的輪椅，灼熱的大火燒得他情不自禁地跳了起來，一口氣跑過了一條街，竟全然忘了自己是一個殘疾人。事後他說：如果當時我不逃跑，就會被燒傷燒死。我忘了一切一躍而起，拚命逃跑，及至停下腳步，才發覺自己能夠走動。從此他丟掉了輪椅，正常地生活工作。

心理學家耶爾說：人腦是一種比原子彈更具威力的心理炸彈，能在每個人封閉的力量的內部引起分裂，相應地釋放出巨大的能量。

創造世界跳高紀錄的運動員布魯梅爾在一次摩托車事故中受傷，無法行走，醫生們一致認為，他將藉助拐杖支撐他的人生。然而沒過多久，他在多次手術後又再次回到了運動場上，這在旁人看來簡直不可思議。梅花香自苦寒來，他的成功來自驚人的鍛鍊強度：舉重，肩負十六公斤重物的數千次彈跳……人的潛能之巨大可見一斑。

人人都有巨大的潛能，人平常只要發揮了小部分潛能，就可能成為各行各業的排頭兵；如果能發揮大腦潛能的一半，將輕易地學會多種語言，背誦整本百科全書，拿幾個博士學位。

壓力是潛能之舟，壓力會把人的潛能發揮到極致，促使人戰勝困難，找到更好的處事方法。

兩個孩子的母親茉莉離婚後不久又失業了，沒有固定收入，且未受過正式教育，又無謀生經驗，在決定試著創業後，又選錯了從商時機，似乎一切都落空了。有一次她去市場選購服裝，發現只有一種尺碼，式樣呆板，做工粗糙。困境中的她發現了希望，她拿出全家僅有的一百美元，開始在家裏為別人改縫她設計的衣服。結果由於風格獨特，很受當地人歡迎。後來茉莉的生意越做越大，服裝銷到全美各地，公司也越來越壯大。

阿德勒告訴我們，大凡成功的人都曾經受過各種壓力。戰勝壓力的過程，這就是開發潛能的過程。但必須注意的一點是，當你為自己定位時，要充分估計自己的潛能，否則，定位反倒會成為限制自己更大發展的一把鐵鎖。

第二章

阿德勒談靈魂——讓心靈支配你的肉體

阿德勒對人類個體心理有出色的研究並取得卓著成就。他所宣導的個性發展與社會精神，對現代心理學產生深刻影響。在阿德勒看來，只有將肉體賦予高尚不俗的靈魂，才能體現行為的偉大。

人們對這個問題一直爭論不休，到底是心靈支配肉體呢，還是肉體支配心靈。

——阿德勒

心靈和肉體是一種完美的合作

心靈支配肉體，還是肉體控制心靈？這個問題困擾了哲學家幾個世紀，至今沒有誰能說服對方。其實心靈和肉體都是生活的表現。

人的生命從始至終，精神和肉體的合作就在不斷進行著，他們就像一個相互的整體，不可分割。精神就像發動機一樣，可以將人體的潛能全部激發出來，使身體變得強壯。我們的思想可以透過身體的動作、表情和行為表現出來。心靈的功能在於為肉體定下行動目標，所以它在生活中往往占據主宰的位置。但是肉體也不然影響心靈，因為再有意義的心靈活動，缺少了肉體這個執行者都毫無意義可言。瞭解這一點我們似乎就能更清楚地明白心靈與肉體的關係。能夠預見個體運動的方向，是心靈最重要的功能之一，它為肉體定下了前進的目標。也正是因為這樣，人類才能優於其他族類，在這個世界上更自由地生活。

清楚地瞭解心靈和肉體的完美合作，可以使我們能夠清楚地制定前進的目標，而不是陷入無邏輯指導下的散漫、無意義的活動之中。

《阿德勒的智慧》有這樣一句話：「從生命伊始，到其結束，生長和發展的協力合作都是一直繼續不斷的。肉體和心靈猶如不可分割的整體的兩部分而彼此互助合作。心靈猶如一輛行駛中的汽車，它用它在肉體中能夠發現的所有潛能，來幫助肉體進入一種面對任何困難都是安全而優越的境界。」在阿德勒看來，心靈寄居於肉體之中，只有同時擁有心靈和肉體的個體才能成為一個人。

從個體的出生之日起，兩者就協力前行，彼此的努力都是為了人這個整體。心靈給肉體提供前進的目標與指導，肉體的承受程度直接影響著心靈所定的計畫成功與否。通常人們稱心靈為人類發展制定的目標為生命目標。這就註定了心靈在兩者關係中的支配地位。

空有肉體的人我們稱之為植物人，那麼有空有靈魂的個體嗎？至少在現階段我們無法證實。所以從這個方面講，肉體又是完全制約著心靈的。人類對其環境所做的改變，被人類稱之為文化，我們的文化就是人類心靈激發其肉體所做出的各種動作的結果。在肉體的每種活動、每種表情，甚至每種病症中我們都能看到心靈目標的銘記。每項活動的完成都必須依賴於身體和心靈的完美融合，所以心靈和肉體是天然的合作共同體。生命目標要考慮身體的承受能力。肉體的行為要完全符合心靈的認知。

基於此，人們要認清自己內心，才能不會做出超出自己身體潛能的錯誤行動。同時更要積極進行肉體的訓練，才不會讓心靈制定的生命目標落空。

肉體影響著心靈，做出動作的是肉體。心靈只能在肉體所擁有及它可能被訓練發展出來的能力之內指使肉體。

——阿德勒

生存還是生活？這值得深思

心靈給予我們工作上的啟發，為肉體定下動作的目標，並在人的各種表現中顯現著它的指導地位。但是心靈也只能在肉體所擁有的，或者說可能被訓練發展出來的能力內支配肉體。於是，我們也清楚地認識到身體的合宜程度是解決許多困難的必要條件。

當今社會高速發展，人們生活節奏也在加快，越來越多的人感嘆力不從心，身體的潛在能力已經無法承受心靈的支配。細心觀察我們發現發出這樣感嘆的人通常有兩種。其一，年逾古稀。這類長者承受著自然規律影響的結果，我們無力改變；其二，正值人生壯年，身體卻開始頻頻亮紅燈。現在這一類人群的數量越來越多，而且越來越年輕化。在他們的口中我們甚至聽到這樣的話語，「前三十年用命賺錢，後三十年用錢換命。」且不說錢真的能換來命嗎？就說用命賺錢這件事有必要嗎？常言道：身體是革命的本錢。但是不能用它來換錢。商品社會沒有錢是萬萬不行的，可是有錢也不是什麼都能換回，尤其是生命。請不要在纏綿病榻的時候才知道，原來曾經忽略了多少生活的意義。

我們幾乎每天都沉浸在快節奏生活中。「當我們正在為生活疲於奔命的時候，生活已離我們而去。」英國歌手約翰·藍儂的話無疑成了現代人的寫照。為了趕時間，我們不得不在路途中步履匆匆；為了趕時間，我們不得不在餐廳裏狼吞虎嚥；為了趕工作，我們不得不在公司裏挑燈夜戰……我們好像每天都在和時間賽跑，每個人的腦海裏只有一個概念：「快一點，快一點，再快一點」。

不知從何時起，「過勞死」成了一個威脅當下人健康甚至生命的熱名詞。健康在忙碌中嚴重透支，快樂在忙碌中漸行漸遠。很多人因此來不及休整自己，來不及欣賞生活的美好，來不及享受親情之美，甚至來不及給他人一個微笑……青春年華在忙碌中失去，美麗容顏在忙碌中褪去，溫情在忙碌中淡漠，等到你有一天驀然回首的時候，發現自己的生命已經消耗殆盡。一個人哪怕是子孫滿堂、晚年富貴，都逃不過勞碌的一生，最後只會感覺生活是那麼的寡味，人生是那麼的無奇，自己白來了世界一遭。大多數人所能換得的，除了蒼老的容顏和疲憊的心，還有因為錯過而生的懺悔。當一個人丟了慢節奏、將「忙」注入了他的生活時，煩躁、不安、苦痛和勞累就會接踵而來，讓我們來不及享受真正的生活而失去自我。

「世界太大，而我們是如此的渺小。在這有限而又短促的生命中，需要我們承受的事情太多，這些事情壓在我們脆弱的心靈之上，心靈如何承受啊？」阿德勒《阿德勒的智慧》中這樣說。

在生活中，我們感知周圍的事物，形成自己的觀點，做出相應的評價等，這所有的一切都是透過我們的心靈世界來完成的。我們每天都在忙忙碌碌，有時連自己忙些什麼都搞不清楚，有多少是必須做的，又有多少是無聊瑣事呢？每天留一點時間給自己吧，釋放自己的心靈，看清自己，什麼是我們最想做的，必須做的。

聞名於世的美國成人教育大師戴爾・卡內基，他潛心研究心理學知識，對人類的心理特徵進行深入的探索和分析，他把演講、推銷、勵志、智力開發融為一體，從而開創和發展了一種獨特的成人教育方式。國際卡內基成人教育機構及其分支機搆多達一千七百餘個，可謂遍布全世界。接受這種教育的，不僅有明星鉅賈、各界領袖，也有軍政要人、內閣成員，甚至還有總統，人數多達幾千萬，影響了幾代人。卡內基曾意味深長地說：「我的成功其實很簡單，我經常留一些時間與自我的心靈對話。不過，我留的時間要比別人多許多。永遠要記住。你的心靈就是你一生的寶藏，你要不斷地挖掘它。你如果忽視了自我的心靈，這世上，還有什麼不可以忽視的呢？」

卡內基成人教育有一個重要的核心，就是讓人要珍視自我的心靈。他所著的《積極的人生》、《人性的優點》、《快樂的人生》都從不同角度反覆強調了這一點。

與自我心靈對話，不僅是簡單的自我心靈回歸，要深刻的理解並學會這一本領，從而擴大心靈生存的空間。當你心靈的生存空間擴大，你會驚訝地發現，這就是真正的自我，一個全新的自我。請相信：心有多大，舞臺就有多寬。一個全新的你會帶給你一個全新的未來人生。

只要心靈找出了克服困難的正確技術，有缺陷的器官即能成為重大利益的來源。

——阿德勒

殘缺中往往孕育著強大的靈魂

我們都知道身體有缺陷的人，並不一定遠離成功。身體的缺陷雖然會對個體造成很多阻礙，但是這些阻礙卻不是不能超越的。只要心靈足夠強大，能夠運用其能力設法克服困難，那麼這些人就有可能和那些承受較少負擔的正常人一樣取得成功。

我們也許為生活奔波疲憊不堪，心中的鬱悶得不到發洩，可當我們放棄那些無謂的煩惱時，就會感到真的沒必要為小事發愁，況且有些煩人的事情是自己所無法控制的。

喜劇演員斯格特小時候因為有個大鼻子，在學校同學們都嘲笑他是「大鼻子斯格特」。他為此而自卑，整天悶悶不樂，從不和同學一起玩，也不參加團體活動，就喜歡看室外的風景。

數學老師瑪麗亞注意到了整天憂鬱的斯格特，有一天下課後，她發現斯格特又趴在窗戶前，於是她就走到斯格特身邊問：「你在看什麼呢？」

「有個人埋葬了一條小狗，多可愛的小狗啊，牠真可憐。」斯格特悲傷不已。

「這情景太讓人傷心了，不如我們到另一扇窗戶那兒去看看吧。」瑪麗亞拉著斯格特的手來到另一扇窗戶邊，她推開窗子問道，「孩子，你看到了什麼？」

窗外是一個花壇，花壇裏的花在陽光的照射下顯得格外燦爛芬芳，斯格特的心情豁然開朗，所有悲傷一掃而光。

「孩子，你看，你選錯了應該打開的窗戶。」瑪麗亞指指窗外的美景，撫摸著小男孩的頭說：「你沒發現嗎，其實你的鼻子很可愛，至少我是這麼認為的。」「但大家都笑我啊。」小男孩還是很難過。「你可以換一扇窗戶的，你可以試著向大家展示你鼻子可愛的一面啊。」

不久，學校舉行了一個小型話劇演出，瑪麗亞鼓勵斯格特扮演一個很適合他的角色。在瑪麗亞的幫助下，斯格特的演出獲得了成功。在演出中由於他的大鼻子而博得滿場喝彩，學校裏的每個人都知道了這個大鼻子小明星。

眾所周知，後來，斯格特長大後成為了好萊塢裏最受歡迎的喜劇明星之一。

殘缺中往往孕育著強大的靈魂，斯格特正是有了這份殘缺，才使得他獲得屬於自己的成功。他們為什麼能夠將心靈建設得如此美好呢？因為在他們被我們所熟知之前，他們的身心已經接受了我們難以想像的錘鍊。我們這些身體健全的，被上帝賦予了更多恩賜的人，應該珍惜我們的所有，向那些身有缺陷，卻依靠自己強大的心靈控制能力取得成功的人學習。因為從某些程度上講，與他們相比我們的心靈是有缺陷的。

阿德勒這樣說過：「身體有缺陷的兒童，儘管遭受到許多困擾，他們卻經常比身體正常的人有更大的成就。身體障礙是一種能使人向前邁進的刺激。」究其原因，這些人是因為身體的缺陷，讓他們即使擁有強大的心靈，也必須要付出更多的心力，才能使他們的肉體趨向優越，從而達成相同的目標。但是佼佼者的力量在這時就起了作用。他們用事實鼓舞著和自己同樣遭遇的夥伴，告訴他們儘管身體的缺陷造成了許多阻礙，但是這些阻礙卻絕不是無法擺脫的命運。所以，「只要心靈能找到克服困難的正確方式，有缺陷的器官甚至能成為重大的利益來源」，成為阿德勒人生哲學重要的一部分。我們當然不能說是身體的缺陷給他們帶來了成功，但是從某種程度上講，缺陷讓一些人把自己的心靈建設得更堅固，生活的意義也更明確，而這些正是走向成功所必需的品格。

人類永遠不可能如四處走動的動物那樣生活，所以只發展肉體對人們而言自然是不夠的。

——阿德勒

學會讓心靈和肉體更契合

阿德勒一直認為肉體不能缺少靈魂，但是，如何讓心靈和肉體更契合呢？阿德勒這樣說：「人類之所以區別於動物，凌駕於其他族類之上，究其根本，是因為人具有獨立思考和判斷能力，而動物一般則不會同時具備這兩項功能。儘管現在在某些實驗中也發現了一些靈長目（比如猿、猩猩）對事物也有喜、怒、哀、樂之表情和一些簡單的表現，但獨立思考的能力是它們並不具備的。」

在這裏，阿德勒強調的是思考對肉體和心靈的重要性。在阿德勒看來，人類的精神與肉體就猶如人與自己的住宅的關係一樣，精神是我們肉體的主人，精神不在了住宅也就沒人住了，就成空宅了。所以，我們人類對已經去世的親人屍體頂禮膜拜、痛哭流涕，說明我們人類還沒有自省呀。我們應該記住的是這個人的人品、思想等精神方面的「面目」，而不是對這個「人」住過的「家宅」追思及膜拜。

從另一個角度看，我們每一個人天生的相貌，也就是精神（生命）的「住宅」都不一樣，有的人住的是「豪宅」，有的人住的是「茅草屋」，無論你住什麼樣的住宅，其本質都是一樣的，都是精神的寄居體。因此，「住宅」與「住宅」是沒有等級區別的，只是「布局」不同罷了，人與人的區別在於「居住」自己肉體內的精神境界。有的人潔身自好，悲天憫人，以一顆慈悲心對待所有的生命，這些人的精神世界無疑是高尚、聖潔的，因而，自然而然地會有一些天性淳樸或者一心向善的人集聚在他們的身邊（也可以講「住宅」），時常與其進行精神的交流。這些人一生都不會感到恐懼、寂寞與孤獨的。而那些心底齷齪，凶狠狡詐之徒，則不會有人願意與其為伍。即便身邊有幾個人，也都是各自的精神「住」在各自「住宅」內，老死不相往來。他們每日都會感到恐懼、寂寞與孤獨，久而久之，他們便失去了人性最終走向毀滅，被其他的人將它們的「住宅」給拆掉了。

由此可見，我們每一個人活在這個世界上修心是何等的重要呀！我們常說精神長存，我們也同樣講生生不息，人類也只有精神有條件做到此種境界。而我們的肉體，也就是我們精神的家園，由於「風吹雨打」再加上我們平時不精心地護理、保養及清掃，還經常長時間不「歸宿」導致「住宅」過早地敗落。就如我們平時住的房子一樣，任你再堅固的大樓，只要長期沒人住，要不了幾年這大樓便會倒塌。我們的身體也需要我們經常地內省（打掃），精心地保養，如果我們只是為了滿足自己的物質需求而全身心地關注自身以外的事物，忘卻了我們精神（人品）方面的自修與自省，我們人就很有可能過早地失去自己的「住宅」。

所以，要時刻使自己的體能處於最佳狀態，這樣自己才有可能修得高深的智慧，才有可能獲得巨大的能量已達到生生不息的境界呀。阿德勒說：「我們要不斷地鍛鍊和運用我們的智慧，使得我們的心靈和肉體的合作更為契合，從而為這個世界的美好添一份力量。只有如此才能不辜負上帝的賦予，從而使人類向更高級的層次衝擊。」當然，人不能只滿足於軀體的發展。因為這種不滿足，我們才得以由猿變人。因為這種不滿足，我們才能超越肉體的極限，飛向天空，進入宇宙。我們都應該珍惜這種人類的擁有，而最好的珍惜就是充分實現它的價值。

在人類大腦中的潛意識裏，總是不斷地進行著相互擊打、碰撞、摩擦，那裏蘊藏著無窮的寶藏，那是人類所有創造性的源泉。

——阿德勒

不要讓自己的肉體缺乏意識

隨著科學技術的發展和進步，意識的作用已經越來越被人們重視，但對於潛意識在無形中所發揮的力量，卻很少有人能夠瞭解。然而事實上，潛意識對人的影響之大是令人震驚的。有時候，能否充分認識和發揮潛意識的力量，可能是影響人生成敗至關重要的因素。

在阿德勒看來，「心靈和肉體存在同一個個體裏，必然以一種神秘卻永恆的模式共存著。」學者都對於此種模式的存在深信不疑，但是卻沒有誰能夠真正地找出這兩者之間的必然聯繫。即使有人得出了某個結論卻很難得到整個領域的普遍認同。例如德國精神病學家和心理學家，恩斯特・克雷奇默，在其著名的《體型和性格》一書中對正常人的體型與心理類型建立了對應關係，他將絕大部分人分成幾個類型，他認定心理特徵和體格有關。但是前蘇聯生理學家巴甫洛夫對此抱著否定態度，他指出：「克雷奇默想把地球上生存的全體人類都打進他自己的兩種臨床病型，為什麼要把幾種占多數的、歸根到底陷入了精神病院的病型認為是基本的類型呢？要知道絕大多數人是與精神病院毫無關係的。」

在阿德勒的眼裏，肉體依賴於意識，人們會用潛意識將人的外在表象與人的內心活動相聯繫。從心理學的角度看，阿德勒的這種觀點是絕對正確的。

在古代，赫爾墨斯・特利斯墨吉斯武斯被認為是世界上最偉大的占卜師。他死後，過了很多世紀，仍有很多人孜孜不倦地探詢他強大占卜力的原因，有人甚至懷著極大的期待和好奇心打開了他的墳墓。據說那個時代最大秘密的答案就在這個墳墓裏。答案刻在墓碑上：上行，下效，存乎中，形於外。

換句話說就是，不管你內在的潛意識是什麼樣的，它都會在外在空間裏變成現實。釋迦牟尼、老子等這些古代的先哲們都曾宣揚過這個真理，如上天會怎麼樣（就像你的頭腦），地上就會怎麼樣（正如你的身體和環境）。這就是偉大的生命法則。

你會發現，自然界有許多定律，像作用與反作用、運動和靜止，都是在兩股力量達成平衡以後，才會出現和諧、和平。而你來到這個世界上，生命的定律和節奏，你的精神和身體必須和諧，這樣才能生存下去。付出和收穫一定是對等的。大腦中的思想和它在現實中的表現一定也是對等的。你的挫折都源於你沒有被滿足的欲望。

如果你的想法消極、有害或邪惡，這些想法就會生出有害的情緒，這些情緒需要發洩。而這些消極情緒一旦發洩出來，就經常會表現為潰瘍、緊張和焦慮等症狀。看到這個，你現在有何感想呢？你是怎麼看待自己的呢？其實你的現狀都已經有所表達了。你的活動、身體、朋友、經濟狀況、社會地位全部都反映了你所想的。這就是潛意識能表達一切的真正含義。

事實上，潛意識的力量是無法衡量的。它激勵你，引導你，向你展示記憶中儲存的場景、姓名、事件等；它控制著你的血液循環，調節著你的消化、吸收和排泄功能。你吃完一片麵包，你的潛意識就會把那片麵包轉化成組織、肌肉、骨頭和血液，這一過程無人能夠洞曉，唯有潛意識對其瞭若指掌，並控制著整個過程，潛意識能夠解決所有問題。你的潛意識從不休息，它永遠在工作。你只需要在睡覺之前告訴它你要做一件特殊的事，就能夠見識到它的神妙之處。第二天醒來你會驚喜地發現，你內在的力量被釋放出來，將你引向目的地。

人能夠發展的一個根本的現實原因是心裏有一種充滿活力的、有目的的追求。

——阿德勒

內心忠於自己所堅持的目標

在阿德勒看來，「人從出生之日起，就不斷地追求發展，追求偉大、完善和描繪優越的希望圖景。這種圖景是在無意識中形成的，但卻伴隨一生，無時不在、無處不在。這種有目的的追求主宰著我們一生所有的具體行為，包括我們的思想。我們的思想不是憑空產生的，它必然與我們無形中形成的生活目標和生活方式相一致。」

的確，「不想當將軍的士兵不是好士兵」。人生的目標是人類前進發展的動力，沒有目標的人生是不存在的，即使不自知，但它就是存在於你的生命中，融於你的血液裏，人生當中的大多數時間就是要把它從我們的生命中找出來。

目標是人們心底的渴求，但是能否成功在很大程度上還是取決於人能否將這種充滿活力的、對目標的追求堅持下去。而能夠讓人願意用一生去追求的目標，必然不會一帆風順地就達到，其中難免遇到許多的挫折與困難。能在強大的心靈指引下，勇往直前，執著努力的人，才能夠最終完成心底的期盼。

目標，就像是海岸上的燈塔，它指引著我們航行的方向，使我們可以勇敢地面對一望無垠的大海，毫無顧慮地去追求自己心中的夢想。將目標定得高一些，這樣就可以增加燈塔的高度，擴大燈塔照耀的範圍，進而使我們的航線可以行走的更遠、更好。

邁克爾是一個狂熱的音樂愛好者，成為一個音樂家是他一生中最大的目標。但他知道寫歌詞不是自己的專長，所以又找了一個名叫凡內芮的年輕人來合作。然而，面對那遙遠的音樂夢想，他們一點辦法都沒有。

一九七六年的冬天，在一次閒聊中，凡內芮對邁克爾說：「想像一下你五年後在做什麼？你先仔細想想，完全想好，確定了再告訴我。」

邁克爾沉思了幾分鐘後說：「五年後，我希望能有一張唱片在市場上，而這張唱片很受歡迎，可以得到大家的肯定；我還要住在一個有很多很多音樂的地方，天天與一些世界一流的音樂家一起工作。」

凡內芮據此列了一個單子：

如果第五年，你有一張唱片在市場上，那麼第四年就一定要跟一家唱片公司簽上合約。

第三年，一定是要有一個完整的作品，可以拿給很多很多的唱片公司聽；

第二年，一定要有很棒的作品開始錄音了；

第一年，就一定要把你所有要準備錄音的作品全部編曲，排練好；

第六個月，就是要把那些沒有完成的作品修飾好，然後讓自己可以一一篩選；

第一個月，就是要把目前這幾首曲子完工；

而你的第一個禮拜，就是要先列出一個清單，排出哪些曲子需要修改，哪些需要完工。

然後，凡內芮說：「瞧，一個完整的計畫已經有了，現在你所要做的，就是按照這個計畫去認真地準備每一步，一項一項地去完成，這樣到了第五年，你的目標就可以實現了。」

事實果真如此，一九八二年，恰好是在第五年時，邁克爾的唱片開始在北美暢銷起來，他每天都忙著與一些頂尖的音樂高手在一起工作。

有人說「人生是可以策劃的」，同樣，成功也是可以策劃的。讓計畫成為行動的先導，將使我們不再在行動中茫然、盲目和盲從，會使我們擺脫紛雜和焦慮的困擾，讓成功從遙遙無期變成指日可待！阿德勒曾說：「偉大的目標構成偉大的心。」一個人之所以能夠成就偉大的事業，正是因為他樹立了偉大的目標，造就出了一顆偉大的心。偉大的目標可以激發出人們潛在的動力，在這種動力的刺激下，人們便會積極地尋找各種途徑來實現自己的偉大目標。

胸懷偉大目標的人，他們絕不會因為一點小小的利益而偏離了自己的軌道，也不會因為不時地磨難而動搖了自己的決心。對於這些利益和磨難，他們心中早已明瞭。因為他們知道，一個偉大的目標必須要有偉大的挑戰，否則的話，目標便不能透過實現而展現出自己偉大的價值。一個擁有偉大心靈的人，他想到的遠遠不止這些豐厚的物質利益，他更關心的是自己個人價值的完全實現。

偉大的目標會告訴人們能夠得到什麼，能夠昇華什麼。一些人之所以覺得自己如同行屍走肉般活著，就是因為他們沒有偉大的目標，所以他們只能成為生活中的泛泛之輩。古羅馬哲學家小塞涅卡就曾說：「有些人活著沒有任何目標，他們在世間行走，就像是河中的一條水草。其實，他們不是在行走，只是在隨波逐流。」

我們心裏最為奇妙的地方，就是我們對事實的看法，決定著我們的行為方向，而不是事實本身。

——阿德勒

肉體裏的意識才是人生的寶藏

「人類生活在同樣的事實世界之中，因為每個人對事實的看法都是截然不同的，所以都各自以不同的方式塑造自己。我們都知道，心靈的首要功能就是對個體未知的行動進行指導，而它指導的依據則是來自於它對社會生活中的各種事物的獨特認知。每個人都有著不同的心理發展歷程，而每個人對相同事物的心理認知則受心理發展中所形成的個體的人格特徵所影響著。也就是說決定個體最後的行動方向的事實，其實是受到一系列心理認知闡釋過的事實。這就使得每個人在進行任何一個行動時，都是展現出自身的性格特點。」在阿德勒的這段論述中，強調的是意識對肉體的重要性。

的確，在我們的內心深處埋藏著一個巨大的寶藏。透過挖掘這巨大的寶藏，我們完全可以滿足自己的一切願望。然而，許多人卻緊盯著外面的花花世界，希望在與他人的競爭中分得一杯羹。結果，他們不但沒有讓自己變得更加富有，反而耗費了自己的精力，敗壞了自己的情緒。盲目的人啊，他們永遠不會發現自己靈魂深處的寶藏——潛意識。

當一個人認識到自己擁有潛意識這巨大的寶藏時，他就會與其他人產生截然不同的態度和行為。他會變得更加自信，對未來充滿期望，並能夠快速地找到獲得成功的途徑；而那些對潛意識依然無所知覺的人，則會經常被外部的消極情緒所影響。他們內心充滿著恐懼與焦慮，當機會來臨時，他們常常患得患失，最終與機會失之交臂。這樣的人，無法從自己的內心獲得強大的心理支撐，結果他們的道路總是充滿坎坷。

阿德勒曾這樣說：「潛意識在你我出生之前，在所有的教堂甚至這個世界存在之前，就已經存在了。這是一種真實而偉大的永恆力量，主宰著你我生命的運行。我以我全部的經驗真誠地告訴你，如果你要癒合心靈的創傷，治癒身體的創痛，克服心中的恐懼，遠離貧困、失敗、和沮喪，你就要緊緊抓住這個可以戰勝一切的魔術般的力量。此刻，你只需要將你的精神、情感與你期望的美好願望融合在一起，餘下的事情，則可以放心地交給富有創造力量的潛意識。」

是啊，潛意識具有一種可以改變一切的魔力。它悄無聲息地參與我們所做的一切事情，並在其中發揮著巨大的影響力。

其實，每一個人都會在不知不覺之中求助於潛意識的力量，比如，我們內心的祈禱。每當我們遇到關係自己利益的重大事件時，我們總是會不由自主地從內心發出祈禱。但是，我們也會因此而常常失望，因為這樣的祈禱大多數並不會實現。從心理學的角度講，每個人都會對一件事情抱有一定的預期，這時，我們就會做出一定的祈禱。這種祈禱是一種個人願望的表達，它能否實現，還要看個人的具體努力。但是，從另一個方面講，如果你希望自己的祈禱可以產生效果，那麼你的願望就必須與你的潛意識產生默契，這樣，潛意識才會使你爆發出巨大的能量，最終助你實現自己的祈禱。

或許，你會覺得獲得潛意識的力量要付出巨大的努力。其實，獲得這種力量並不需要特殊的努力，它就在我們的身上，我們所需要的只是掌握使用它的方法。

一八四三年至一八四六年，一名名叫詹姆斯的蘇格蘭醫生在孟加拉從事醫學工作。在這短短的三年間，這位醫生實施了四百多次大手術，有截肢手術，有切除腫瘤的手術，還有其他眼耳喉鼻的手術。在所有手術中，這位醫生都沒有使用麻藥，而是採用了精神麻醉法。他會對將要上手術臺的病人進行暗示，告訴他們這些手術不會產生疼痛，也不會使他們患上敗血症，出現細菌感染等症狀。經過不斷地暗示，這些患者在手術期間並沒有出現不適的感覺，並且術後的死亡率也只有二％～三％。這是一個超乎想像的真實事例，它無疑使我們更加確信潛意識能夠為我們提供巨大的能量。正如美國心理學之父威廉・詹姆斯所說，你的潛意識是你獲得智慧和力量的源泉，是你改造世界時的依靠。它由內在的生命法則灌溉，一旦你在潛意識中輸入了決定，它將不遺餘力地完成你的目標。因此，你必須輸入正確的、富有建設性的思想。

每個人的人生都是一幅美麗的畫作，而作者只是我們自己。對社會現實的認知直接影響著我們對人生的態度和未來的人生走向。儘管這個社會中還有許多的不完善，但是心靈中最奇妙的特性使得我們可以按照自己的理解去面對現實，選擇人生的道路。我們應該珍惜這能夠自由選擇的機會，以更積極樂觀的態度去解釋社會，面對生活。因為也許我們生活的世界現在還很不完美，但如果每個人都能看待事實積極的一面，朝著陽光的方向行動，那麼在未來的日子裏我們將能看到世界更多美好的一面。

我們完全可以肯定，哪裡有對權力和統治的追求，哪裡就有嫉妒。

——阿德勒

克服嫉妒，你會變得更強大

阿德勒說：「從人性角度出發，我們發現人類的本性都是渴望權力的，這出於一種對他人的控制欲望。但是權力和義務是等量的，手握權力的人同時已在履行著必然的義務，而且個人的能力也是能否獲得並且運用權力的基礎。然而面對他人的獲得，總有些人不但不努力地去爭取，反而用一種不當的態度去面對，那就是嫉妒。」

阿德勒將肉體中的嫉妒心理視為毒瘤。的確，在現實生活中，嫉妒心理是非常可怕的。比如幾個人同時為同一個目標奮鬥，有人走在了前面，你就開始想：我是沒有努力去做，如果努力，一定做得比他好。

後來，目標達到了，走在前面的人得到了嘉獎，此時你會覺得：他拚命地去做原來是為了這些，你不是有能力嗎？好吧，那所有的事都交給你去做吧，我不做了！

你真的不做了嗎？如果是真的，你就陷入了惰性的溫床。

一八六〇年大選結束後幾個星期，有位叫巴恩的大銀行家看見參議員薩蒙・蔡斯從林肯的辦公室走出來，就對林肯說：「你不要將此人選入你的內閣。」

林肯問：「你為什麼這樣說？」

巴恩答：「因為他認為他比你偉大得多。」

「哦，」林肯說：「你還知道有誰認為自己比我要偉大？」

「不知道了。」巴恩說：「不過，你為什麼要這樣問？」

林肯回答：「因為我要把他們全都收入我的內閣。」

後來的事實證明，這位銀行家的話是有根據的，蔡斯的確是個狂態十足的傢伙。不過，蔡斯也的確是個大能人，林肯十分器重他，任命他為財政部長，並盡力與他減少摩擦。蔡斯狂熱地追求最高領導權，而且嫉妒心極重。他本想入主白宮，卻被林肯「擠」了，他不得已而求其次，想當國務卿，林肯卻任命了西華德，他只好坐第三把交椅，因而懷恨在心，激憤難已。

一天，《紐約時報》的主編亨利・雷蒙特來見林肯。當他談到蔡斯正在狂熱地追求總統職位的時候，林肯給他講了一個小故事。

林肯以他那特有的幽默神情講道：「雷蒙特，你不是在農村長大的嗎？那麼你一定知道什麼是馬蠅了。有一天我和我的兄弟在肯塔基老家的一個農場犁玉米地，我吆喝馬，他扶犁。這匹馬很懶，但有一段時間它卻在地裏跑得飛快，連我這雙長腿都差點跟不上。後來，我發現有一隻很大的馬蠅在它身上，於是就把馬蠅打落了。我的兄弟問我為什麼要打掉它。我回答說，我不忍心讓這匹馬那樣被咬。我的兄弟說：『哎呀，正是這傢伙才使得馬跑起來的嘛！』」然後，林肯意味深長地說：「如果現在有一隻叫『總統欲』的馬蠅正叮著蔡斯先生，那麼只要它能使蔡斯不停地跑，我就不想去打落它。」

故事至少有兩點深刻的道理：一是總統沒有去嫉妒能力比他強的人，而是善於從他身上吸取長處，彌補自己的短處；二是「總統欲」極強的人也沒有嫉妒，而是時刻鞭策自己攀升到一個更高的目標。

如果這兩個人中的一個採取了另類的嫉妒方式：你不是有能力嗎？那就都交給你去做吧，那麼他的結局必然是：消沉——惰性——平庸。

阿德勒說：「人生動力的內容就是生存、奮鬥、發展、提高。有人斷言人是一種高級的動物，我以為是對的。但高級動物終歸也是動物，動物有著許多相同的本能，人與其他動物唯一不同的就是有發達、健全的思維、抑制力和創造力，這也是區分低級高級的根本界線。但有許多時候我們太自以為是了，才製造出了許多錯誤的理論，誤導了許多正確的思維，從而導致了人的抑制力和創造力的下降。」所以，在生活、工作、學習中，你必須時時利用自身的能力啟動你自己，消除不良的習慣和心理，建立起富於個性和自信的健康思維，那麼惰性和平庸就不能突破你的「防火牆」。

對於美來說，相貌和形體只是它表現自己的一個途徑，它的真正來源在於人的內心，而這也可以稱作是美的最高形式。

——阿德勒

肉體的美源於心靈之美

莎士比亞曾說：「上帝賜予你一張面容，而你為自己造就另外一張。」也就是說，我們自己可以憑藉內心的力量來創造另一張或者美麗或者醜陋的臉龐。

在阿德勒看來，「美源自內心」。也就是說，肉體的美源自靈魂。他說：「如果每個人都擁有高尚的情操，那麼，他不僅在談吐上會表現得風度翩翩，而且他的身體也會顯得健美而修長。也就是說，一個擁有美麗心靈的人，他渾身都將散發出一種非凡的魅力和優雅的氣質，而這些要遠比外在的一切美都更令人著迷。」

現實生活中，有很多這樣的女性：她們雖然貌不驚人，但是她們人格的魅力、優雅的氣質卻能夠幫助她們脫穎而出，向世人展現那不可磨滅的美麗。她們藉助形體和語言，將靈魂的高貴與美麗展現給世人。是的，優雅和崇高的靈魂總是具有神奇的魔力，可以使平凡的面容變得嫵媚動人。

曾有人這樣評價芬妮・肯柏（肯柏家族成員，英國演員、劇作家、詩人，以扮演莎士比亞劇作中茱麗葉這一角色而聞名於世）：「雖然她身材矮胖，面容發紅，但她身上散發出的那種無與倫比的高貴氣質，卻使我久久不能忘懷。我生平從沒見過擁有如此威嚴氣質的女性。無論你擁有多麼美麗的外表，當你站在她面前時，都註定要黯然失色。」

是的，正如安東莞・貝利爾所說：「世上沒有醜女人，只有不知道如何使自己看上去美麗的女人。」

任何一位女性，即便相貌平平，也完全可以透過秉持美的理念，透過培養慷慨、樂觀和無私的精神，使自己變得更加美麗。在這裏，要說明的是，這種理念並不是要人們重視自己的外表之美，而是要人們努力實現自己的靈魂之美。

對於真正的美來說，它們只有一個本源，那就是慷慨無私、樂善好施的風度，以及真心為他人送去溫暖和慰藉的精神。它將會使人們神采奕奕，永保青春，而人們也會因此而造就自己生命的輝煌。外在之美不過是靈魂之美的一種表現，是一種身體對於心靈的物化。因此，一切表情、舉止和風度都應該遵從靈魂之美的理念，努力使自己變得更加高雅，更加優美。如果你擁有一顆愛美之心，並能堅持實踐自己關於美的理念，那麼無論身在何處，你都將給他人留下文質彬彬、謙謙君子或窈窕淑女的美好印象。記住，任何相貌上的缺陷，甚至身體上的殘疾都可以通過你的氣質和風度加以彌補。

然而，現實的情況是，很多女孩都會因為自己平凡的相貌而終日鬱鬱寡歡，悵然若失。對於美的追求，使她們放大了自己的缺陷。

其實，她們並沒有自己想像的那麼難看。如果不是她們自己過於敏感的話，旁人也許根本不會留意到她們外表上的一些小瑕疵。事實上，如果這些女孩能夠克服妄自菲薄的毛病，從容面對生活的話，她們完全有能力通過後天的努力，使自己具備活潑可愛、善解人意、慷慨大方等一系列美好的品格。如此，她們便可以藉助性格上、智慧上閃耀的光芒來遮掩自己的缺陷了。

想一想我們身邊的朋友，他們當中有多少人在相貌上是漂亮的，如果不漂亮的居多，那麼想一想我們為什麼要跟他們在一起。

我想，之所以我們願意跟他們在一起，並不是因為他們長得有多漂亮，而是因為他們身上散發出的優秀品質吸引了我們，激起了我們對他們的熱愛和敬佩。最高形式的美並不具有任何物質的形式，它是一種能為我們心靈帶來光明的美好理想，只是，它會藉助一些具體的事物展現出它的美麗而已。

每個人都應該竭力使自己成為一個優雅迷人、純粹而高尚的人。對於最高形式的美的追求，將使你的人生不留遺憾，不至虛度。

當一個人能夠傾聽自己的內心，並不打折扣地去追求時，他總是能夠獲得自己想要的東西。

——阿德勒

認真地傾聽內心的聲音

世界是光怪陸離的，欲望也是多種多樣的，然而人們卻可以從這紛繁複雜的世界中發現自己真正想要的東西。

為什麼？

阿德勒說：「因為人的內心從不會欺騙它的肉體，即使它有時會變幻出神秘莫測的外衣加以遮掩，但也會在不經意間露出自己的馬腳。內心總是會不斷重複著自己的渴望，這種渴望強烈而又執著，它會經常蹦入你的意識之中，騷擾你的思緒，讓你時刻感受到它的存在。所以，認真地傾聽內心的聲音，你將會發現自己真正想要的。」

愛德溫・巴尼斯就是在內心的召喚下，最終成為了發明家愛迪生的合作夥伴。

當愛德溫・巴尼斯發現自己內心產生了一個強烈的願望——成為偉大的發明家愛迪生的商業夥伴時，他並沒有為自己這個不切實際的願望而嚇倒。他決定跟隨自己的內心，找到愛迪生，向他表達自己的這個願望。

首先，他克服了自己面對的第一個困難——沒有足夠的錢購買一張去紐澤西州的火車票。之後，他便想方設法來到愛迪生的實驗室中，向愛迪生表達了自己希望成為愛迪生合作夥伴的願望。

然而，在第一次的會面中，巴尼斯並沒有說服愛迪生。愛迪生只是給了他一個在實驗室工作的機會，而且薪水非常低。這讓巴尼斯感到十分沮喪，但是，他仍沒有背叛自己的內心。他對自己說：「不管怎麼說，這都是個良好的開端。我已經有機會接近愛迪生了，想當初我們都不知道彼此。我來到這兒就是為了成為愛迪生的夥伴，雖然現在我只是為他工作，但是為了自己的目標，我絕不會放棄。」

幾個月過去了，巴尼斯的心願仍然沒有任何可以獲得實現的機會。雖然如此，但是巴尼斯的內心卻一直沒有放棄，一直在強化著自己最初的願望。

機會終於到來了。當時，愛迪生發明了一種名叫「愛迪生口授機」的新型辦公用具，然而對於這項發明成果，愛迪生的銷售人員並沒有表現出太多的熱情，他們不相信這個奇怪的機器具有良好的市場前景。

巴尼斯敏銳地發現了這個機會。他立刻向愛迪生提出請求——讓他負責這部機器的銷售工作。當獲得愛迪生的同意之後，巴尼斯立刻開始了自己的銷售工作。

結果，機器銷售情況非常好。於是，愛迪生又與巴尼斯簽訂了一份新的合約，委託他負責自己發明的全國銷售工作。

就這樣，巴尼斯終於實現了自己成為愛迪生商業夥伴的願望。

正是由於對自己的內心需求有一個明確的認知，巴尼斯才可以鍥而不捨地向著自己的願望進發，並最終實現了自己的願望。當幾年後，愛迪生回憶起自己與巴尼斯的初次會面時，曾這樣說到：「當他站在我的實驗室時，從他的外表來看，他就像是一個無業游民，但是他臉上堅毅的表情讓我感覺到，他是決心要成為我的合作夥伴的。因此，在那個時候，我就認為他一定可以得到自己想要的東西。結果，事情的發展也印證了我當初的判斷。」

當得到為愛迪生工作的機會時，巴尼斯並沒有因此而滿足。因為，他知道自己的內心是要求自己成為愛迪生的合作夥伴，而不是成為愛迪生的下屬。在內心欲望的不斷顯現中，巴尼斯從未更改自己的計畫。

世間很多人之所以沒有得到自己想要的東西，正是因為他們或者對自己的內心呼喚無動於衷，或者在實現自己追求的過程中逐漸改變了自己的初衷。

認真的傾聽自己的內心吧。只有明確了自己真正想要的東西，我們才能夠擺脫種種的羈絆，將自己的精力投入到能夠使自己的內心得到平靜的領域之中，這就是阿德勒的人生哲學。

人類的靈魂就是人的本質體現。

——阿德勒

人的高貴在於他有靈魂生活

我們一般認為活生生、能動的有機體才有靈魂，人的靈魂與行為、心理之間有密切的聯繫。因為有這個聯繫才使人類與其他動物和植物相區別。一切因時間的推移、位置的轉換而產生的變化，都需要靈魂的導向，才能使我們的身體更能適應生活。可以說人的本質是心理和行為結合的表現。

法國思想家巴斯卡有一句名言：「人是有思想的蘆葦。」他的意思是說，人的生命像蘆葦一樣脆弱，宇宙間任何東西都能置人於死地。可是，即使如此，人依然比宇宙間任何東西高貴得多，因為人有一顆能思想的靈魂。我們當然不能也不該否認肉身生活的必要，但是，人的高貴卻在於他有靈魂生活。作為肉身的人，人並無高低貴賤之分。唯有擁有不同靈魂，由於內心世界的巨大差異，人才分出了優秀和平庸，乃至高貴和卑鄙。**珍惜內在的精神財富甚於外在的物質財富，這是古往今來一切賢哲的共同特點。**

然而當今社會，出於生存鬥爭的壓力和物質利益的誘惑，大家似乎都只把眼光和精力投向外部世界，很少靜下心來關注自己的內心世界。結果當然就是靈魂日益萎縮和空虛，只剩下了一個在世界上忙碌不止的軀體。對於個人來說，這是可悲的事情了；對於整個社會來說，這則是可怕的事情。

阿德勒說：「人類生命中的生理及心理現象，會以我們面前呈現出的那些根本為基礎，如果不局限於常在的目標模式，人們是沒有辦法想像那個由生命動力在做決定的心理演變的。」

靈魂決定著人生命中的心理現象。想像一下，那些生活目標如果沒有經過決定、持續、修正以及引導，就不會產生思考、盼望與夢想。當然這種結果的產生，是源於我們這些生命個體適應環境和對環境反應的需要。也就是說，假若我們要瞭解一個人，那麼，去瞭解他的生活行動以及所表達的意義，是極為重要的。

生活中我們會因為周圍的不瞭解而心生委屈，也會因為誤解而與至親好友產生隔閡。這都是我們所不願見的，我們都希望生活在相互瞭解的和諧社會。真正的困難在於我們沒有辦法透視他人心理。現在個體心理學給我們提供了指引。靈魂的一切現象都是在為未來將要發生的活動準備的。如果能夠瞭解一個人的既定目標，是可以部分地瞭解人的內心的。這樣那些阻礙我們瞭解彼此的障礙似乎被打破了。現在讓我們順著靈魂的指引，給予我們所深愛的人更多的關注，傾聽他們的未來目標，這樣我們就能試著聆聽心的語言，加深對周圍的家人和朋友的瞭解，避免不必要的誤會的發生，讓我們的生活更美好。

第三章

阿德勒談勇敢——讓自卑的心充滿勇氣

阿德勒的學說以「自卑感」與「創造性自我」為中心，並強調「社會意識」，主要概念是創造性自我、生活風格、假想的目的論、追求優越、自卑感、補償和社會興趣。很顯然，只有將內心的「自卑感」趕走，才能有一個「創造性自我」。

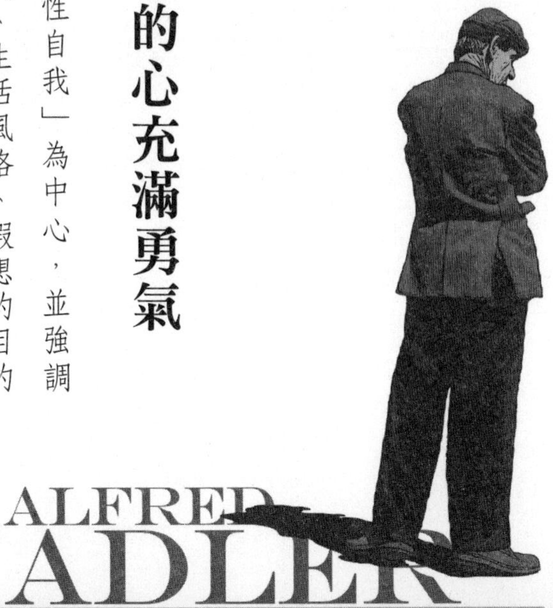

我們每個人都有某種程度的自卑感，因為我們總是發現自己所處的環境是應該改善的。

——阿德勒

人因為自卑，所以發展

在阿德勒看來，人的上進，是出於對所處現狀的不滿意，所產生的使我們向更高一層努力的動力。當然這種對現狀的不滿，會在不同程度上使我們產生自卑感。不過只要保持勇氣，我們就能透過改善處境這一直接、現實但卻最有效的途徑來擺脫自卑感。所以他說：「正因為沒有人能夠忍受一直活在自卑感之中，就會迫使自己進入一種要求某種進步的緊張狀態之中，才能使我們自身不斷趨於完美的同時無形中為社會的發展貢獻力量。」他又說：「自卑感和追求優越是密切相關，是表現在我們每個人身上的。追求優越，正是因為我們感到自卑，所以才力圖透過富有成就的追求來克服這種自卑感。」

的確，倘若一個人在看清自己處境的不如意時喪失了勇氣，後果必將是慘烈的。他將不認為腳踏實地的努力能改善處境，將自己陷入承受不了的自卑感之中。雖然他仍會努力設法擺脫它，可是採取的方法似乎總是於他無所裨益，獲得的效果也是細微的，細微到他認為他的生活是停滯不前的。這時候自卑感成了一種危險的情緒，讓他陷入一種消極、被動的局面，變得安於現狀，滿足於曾經的成績，止步不前。但是周圍同伴的進步和社會的發展只能讓他的自卑感愈積愈多，因為情境仍然一成不變，曾經的問題也依舊存在。這時各種問題也會以日漸增大的壓力逼迫著他，將他推向一個危險的邊緣。這是一個任何人都不願面對的境地。

所以面對每個人都有的自卑感，鼓起勇氣去消除它才是最好也是唯一正確的方法。

阿德勒說：「自卑感本身並不異常，它是人類處境得以改善的原因所在。人類的一切文化成果都是基於自卑感。」他甚至說，「自卑感本身並不是問題，相反它是人類進步的原因。」我們都知道擁有一定程度的自卑感並不是一件壞事情，正是這種自卑感才促使人們追求更為優越的地位和更為完善的人生。我們每個人都有對完美的追求，雖然我們都清楚沒有人能夠達到完美，但這也並不是毫無意義的追求，因為不盡的努力可以使我們無限的接近完美。

正是因為渴望完美，我們才會對自己有些苛求。儘管已經取得了相當的成就，卻不願止步不前，有時甚至會將自己陷入危險的境地，然後對自己抱怨說：「我何苦這樣苛求自己。」但是離開了這種境地之後，我們又會自覺地開始新一輪的征服。其實這就是我們人類何以能夠用軟弱的肉體，去成為生物界主宰的原因。正因為我們不斷地不滿，而後不斷地前進，才能一次又一次地超越我們自己的極限。這種不斷的自我超越，不斷的對更美好人生的追求，使我們走過茹毛飲血的原始時代，走過備受壓迫的舊時代，將來也必將走進人類個體達到完全自由的新時代！

自卑感使人們意識到自己的無知，意識到自己需要為將來有所準備，才有可能取得科學進步。而科學進步是人類改善自己的命運、更加瞭解宇宙，以及更好地與之相處的結果。因為面對動物的爪牙時產生的自卑，讓我們學會了製作石器，並瞭解聚族而居的重要；因為面對大自然風雷雨電的自卑，促使我們建築房屋保護自己；因為面對鳥兒翱翔天空時的自卑，讓我們得以發明了飛機。數不清的自卑感的存在，造就了我們數不清的成功。在面對自卑感時，我們需要的是，鼓起勇氣勇敢地面對。因為人類的一切文化成果都是基於自卑感。

身體的缺陷並不能強迫人們採取錯誤的生活模式。

——阿德勒

身體缺陷不是自暴自棄的理由

我們不能選擇以怎樣的外在來到這個世界，但是我們可以選擇以怎樣的方式回應這個世界。無數個身有缺陷，但取得巨大成功的偉人，用他們的親身經歷告訴我們一個簡單，卻意義深刻的道理：面對生活的考驗，即使你是身有缺陷的人，也沒有藉口讓你只能選擇用錯誤的模式生活。

史蒂芬・霍金，著名理論物理科學家，被譽為當今最偉大的科學家之一。青年時就展現出了對研究和操控事物的渴望。這種渴望驅使他攻讀博士學位，並在黑洞和宇宙論的研究上獲得重大成就。然而事實上，在霍金學士畢業轉到劍橋大學攻讀博士，開始研究宇宙學後不久，他就發現自己患上了會導致肌肉萎縮的盧伽雷病。由於醫生對此病束手無策，起初他打算放棄從事研究的理想，但後來病情惡化的速度減慢了，他便重拾心情，排除萬難，從挫折中站起來，勇敢地面對這次的不幸，繼續醉心研究，並最終取得了成功，寫出了著名的《時間簡史》、《胡桃裡的宇宙》等相關著作。

多數人在遭遇霍金的境況時都會茫然無措、意志消沉，而後消極終老，但他卻憑著對自己熱愛的科學的執著與堅毅不屈的意志，創造了一個奇蹟，同時也給我們證明了殘疾並非成功的障礙，並不一定會導致人們選擇錯誤的生活模式。

「心理機制能彌補人類身體的缺陷而迅速提供急救之路。這個不曾間斷的無力感的刺激，發展著人類的預見能力和警戒能力，並且使他的靈魂發展成今天這個負責思考、感覺和指導行動的狀態。」阿德勒在《阿德勒的智慧》中這樣說。

心理機制是人潛意識裏的自我保護系統，類似人生理上的免疫系統。當個人感到自我受到攻擊時，內心感覺到焦慮，而後自然而然產生的心理活動和行為動作，能夠在一定程度上幫助個體抗擊受到攻擊時的焦慮感。

如果從大自然的角度看，人屬於次一等的有機體，至少在肉體上來說。人的肉體的這種脆弱性及其帶給我們潛在的危險，使人類的意識中經常會出現自卑及不安全感。這是一種恆常刺激，所以需要心理機制來彌補人類肉體上的天然缺陷。

通常情況下心理機制對人的保護是在人無意識下進行的。但如果我們能夠有意識的鍛鍊和使用它，它將能更好地幫助我們靈魂的發展，促使人類去發現更能適應大自然並在其中更好的生存方式與技巧，從而盡可能地消除或儘量減少生活中不利情況的方法。值得注意的是，社會在人對於心理機制的鍛鍊過程中起著巨大的作用，因為一個人的社會經驗限制他自身的精神視野，而且一個人在成長過程中所形成的生活風格也影響著心理機制的建設。

常言道，健康的靈魂寓於健康的身體之中。但是這並不是一個雙向唯一的答案，只要身有缺陷的人的心靈能夠被訓練得足夠強大，就能克服身體缺陷給他帶來的問題，從而使健康的靈魂寄於其中。從另一方面講，健康的身體自然也可能擁有不健康的靈魂，而且發生這種情況的機率還很高。比如，如果一個人在童年時期遭遇了一系列令他受挫的事件，卻沒有得到積極的心理輔導，那麼他將會由此對自己的能力產生錯誤的理解，而在之後的生活中遇到的任何一個挫敗，都會加重他這種對於自己無能的認知。而這種認知一定是不健康的。

所以阿德勒說：「健康的靈魂完全可以寓於有缺陷的身體之中，只要這個兒童能夠克服身體上的缺陷，勇敢地面對生活。」

被輕視和被蔑視的感覺、不安全感和自卑感總是會喚醒人登攀高一級目標的願望。

——阿德勒

自卑感將喚醒追求更高目標的願望

阿德勒說，我們每個人都有不同程度的自卑感，因為我們發現我們都是希望能對我們的現狀加以改進的。自卑感本身並不是病態的。恰恰相反它是人類不斷發展的原因。比如，正是由於面對無限大的大自然能力時所產生的自卑感，促使人們開始對自然科學進行探索，人們希望不再完全被控制。而且這種超越仍在不斷地發展，我們不再滿足於僅僅只能「舉頭望明月」，而是希望更近距離地觀察它，於是我們有了探月衛星、太空梭。這都是我們渴望改變現狀的自卑感為我們帶來的。所以，我們可以不誇張地說，我們人類的發展是建立在自卑感的基礎上。

阿德勒個體心理學的研究以及歷史的經驗告訴我們，對於我們每個人都在不同程度上具有的自卑感，我們不要感到恐慌，或者害羞。而是應該勇敢地正視我們自卑感的原因，因為那將是我們在未來的日子裏努力改變境況的動力。我們對於學習成績不如他人的自卑，促使我們更加努力地學習；我們對於生活境況的自卑，讓我們充滿了去追求更好生活的動力。因此，只有**正視自卑感才能更深刻地瞭解自我的追求，推動我們向更好的目標前進。**

這是一條從自卑到自信，從失敗到成功，從渺小到偉大的光輝燦爛之路。這條路人人都可以走，只要你相信自己並願意改變自己，那麼，你就能走上一條成功大道。世界上許多成功人物之所以做成大事，走的就是這條超越自卑的路。事實上，自卑的超越需要動力的昇華，對由挫折、自卑到成功卓越的人士來說，是互相關聯、互相依存的。

有人說柯比在球技上是第二個喬丹。他在〇六～〇七賽季在單場連續得分上成了張伯倫第二。有人問他在對手如此嚴密的防守下為何還能輕而易舉地得分時，他分享了他的故事：

剛到ＮＢＡ，我被叫到籃球架前時心裏總是惴惴不安的，在心裏也會抱怨個沒完。「這必須得學。」我的教練聲音很平靜卻相當有力。我們知道，他從來不認可一切解釋和藉口，他對待我們有時就像西點軍校的教官。他總是說：「我要的是那個問題，我不想聽到你沒能回答那個問題的任何理由。」

「我練了五個小時。」我有時也會狡辯。

「那對我沒有任何意義。我要的是你理解這一戰術。你可以不必去學，或者你可以練上十個小時，隨你的便。但我要的是你理解和運用這一戰術。」

這一點對於我來講太難了，但我從中也獲得了益處。不到一個月的時間，我獲得了巨大的勇氣和獨立思考的能力，我不再害怕教學比賽了。

一天，教練那冷漠平靜的聲音在大庭廣眾之下落在了我頭上：「不對！」——我們還正在進行著教學比賽，他就在場下大叫。

我猶豫了一下，這種猶豫往往使我在球場上不知所措，他又在我認為是最好機會出手得分的時候來了一聲斬釘截鐵的「不對！」他阻斷了我進攻的進程。

「你下來！」

我坐了下來，覺得莫名其妙。

另一個隊友也被「不對」聲打斷了，但他繼續他的比賽，直到打完為止。奇怪的是，當他坐下時，得到的評語是「非常好」。

「為什麼？」我埋怨道：「我打得和他一樣，你卻說不對！」

「你為什麼不說對，並且堅持往下打呢？僅僅瞭解籃球的技術還不夠，你必須深信你的行為能有效地得分。在NBA，除非你胸有成竹，否則你什麼都沒學到。如果全世界都說不，你要做的就是證明給人看。」

柯比說，教練給我最好的教益就是訓練了依靠、信賴自己的能力，致使他後來在賽場上，無論遇到怎樣的嚴密防守，他都會堅信自己出手後一定能命中得分。如果他不學會自信，他至今也還會是一個弱者，一個籃球場上默默無聞的人，至少不會有現在這般優秀。因此，拿破崙・希爾說：**「自信，令我們每一個意念都充滿力量。當你有強大的自信心推動你的致富巨輪時，你就可以平步青雲。」**

自信是點亮人生的明燈。人不可能在各方面都非常優秀，都或多或少在某方面存在一定的缺陷，就是那些偉人也毫不例外。拿破崙的矮小、林肯的醜陋、羅斯福的小兒痲痺、邱吉爾的臃腫，都是他們無法避免的缺陷，但這絲毫都沒有妨礙他們的成功，這就是自信的力量。拋棄過去自卑的我，尋找一個新的自我，並最終戰勝自卑，從一種沉迷的人生走向一種成功的人生。承認自卑的感覺，絕不讓這種感覺成為控制自己的事實。與其為自卑而悲觀喪氣，庸碌一生，不如將自卑踩在腳底，將弱點轉化為奮鬥的力量，扼住命運的咽喉，拚搏一生，爭取成功。

渴望得到他人的認同是人的基本心理需求之一。這種天性是與生俱來的，在未成年時表現得尤為明顯。

——阿德勒

懂得去自我認同才會被認同

阿德勒說：「缺乏自我認同的人，往往會格外重視他人對自己的看法，並在為人處世上追隨群體的認同感，以免自己被排斥在群體之外。顯然，這會讓他以並不客觀、公正的眼光，並帶有情緒性地來看待自己。如果他認為自己達不到某個標準，就會產生被疏離的失落感和沮喪感。」

事實上，被群體的認同感所左右是一件很危險的事情，它不但會使人失去對自我的客觀認知，甚至會導致人們喪失自信，最終一事無成。可以說，聽信權威和盲目從眾的心理就是人們被群體性認同左右的直接反映。

自信和理智的人，他們對自己有著客觀、充分的認識，並且有著成熟的價值觀念和是非評判標準，他們不會讓別人的意見操控自己，不會讓群體的認同感左右自己的選擇，當人們普遍把別人說的話、別人做的事作為自己說話做事的樣板，他們卻能脫離以人為中心的誤區，圍繞著問題和解決問題為中心展開行動。

在生活中，我們經常聽到有人說：「專家說要這樣做，我就這樣做。」此時，我們也會發現，通常會說這句話的人往往是沒有多大作為的人。只有那些自信的人，才能贏得證明自己才華的機會。

一八七四年十二月，俄國音樂家柴可夫斯基的《第一鋼琴協奏曲》寫作完成了，他迫不及待地把這首曲子彈給當時俄國的鋼琴大師魯賓斯坦聽。讓他沒想到的是，魯賓斯坦當場將他嘔心瀝血得來的作品批評得一無是處，還毫不客氣地指出，如果想公開演奏這首曲子必須要做徹底的修改。

要知道，魯賓斯坦可是當時俄國音樂界的泰斗，如果他說一首曲子不行，那麼這首曲子幾乎就不可能獲得成功。然而，年輕的柴可夫斯基堅信自己的作品會獲得成功，他不服氣地說：

「這首曲子我一個音符也不會改，我就要照現在的樣子原封不動地拿去出版。」結果，他的《第一鋼琴協奏曲》在美國波士頓獲得了巨大成功。

試想，如果柴可夫斯基沒有足夠的自信和理智，也許就會屈從於大師的「教導」，那麼我們也許永遠都沒有機會欣賞他那首經典之作了。進一步來說，如果人人都只會在專家面前沉默不語或盲目從眾，那麼這個世界就無法進步。自信和理智，是使人類文明得以進步的動力之一。

因此，阿德勒得出這樣的結論：「所有偉大理論的提出或偉大成就的取得，往往都是擁有自信的人們敢於堅持真理、反對群體意見的結果。那些只會迷信權威的人只能隨波逐流，最終被淹沒在人類歷史的長河中。」

「股神」巴菲特的自信也超乎尋常的強大，所以他能獲得無數人夢寐以求的成功。有人問起他投資的秘密時，他曾說過：「要相信自己的判斷。我的投資就完全取決於自己的判斷，只要是我感覺能夠賺錢的股票就一定會大膽地購買。」事實上，巴菲特經常對所謂的專家意見嗤之以鼻，他自稱是一個「完全不相信誰能夠預測市場走勢的投資者」。

在社會中生存，自信不夠強的人們難免會被社會的主流意識所局限，而這種主流意識就是群體性的認同。受這種局限的影響，人們會在無形中培養成一種盲目從眾的思維模式。對任何一個國家、民族來說，這都是一件非常可怕的事。

每個人都應該是自己思想的產物。可以想像，如果一個人一直把他人的話奉為「天經地義」，他的思想就會被他人所左右，他就會失去個性和自我，甚至變成他人的「傀儡」。因此，不要讓他人的意見禁錮我們的思想，不要讓群體的意見左右我們的意志，我們要善於傾聽自己內心的聲音，要用冷靜的思考保持自我人格的獨立。

我們已經得知，信心是導致成功的因素，包含著很多種表現形式，自我認同無疑也是其中重要的一種表現形式。自信、獨立、堅守，當你具備了這些素質，你就擁有了強大的成功力量，擁有了打造成功的利器。

倘若你想征服世界，你就得征服你自己。

——阿德勒

敢於向自己的弱點宣戰

提升自己的時候，要學會揚長避短，有缺點就要及時改正。因為，人要想不斷地提升自己，就要勇於找出自己的弱點，並進行批評與反思。阿德勒說：「要勇於面對自己的弱點，深刻剖析自己的不足之處。透過當下的鍛鍊，學會在批評與反思中完善自己，提高自身的素質和適應社會的能力。」

無數優秀之人的成功之路，無不是從「把困難當作挑戰」、「把弱點當作對手」的自我激勵開始的。而我們在實際的生活工作中，卻常常遇到對弱點和缺陷視而不見，或臨陣逃脫、畏縮不前的失敗者。他們之所以困頓不前，正是他們漠視弱點，逃避缺陷的性格造成的。

帕蒂年輕的時候，有一天，他來到巴黎附近的一座教堂推銷保險。他滔滔不絕地向一位老牧師介紹投保的好處，老牧師一言不發，只是很有耐心地聽他把話講完，然後用平靜的語氣說：「聽了你的介紹，絲毫不能引起我對投保的興趣。年輕人，先努力去改造自己吧！」

「改造自己？」帕蒂大吃一驚。

「是的，你可以去誠懇地請教你的投保戶，請他們幫助你改造自己。我看你還算是有頭腦的人，倘若你按照我的話去做，將來一定會做出一番成就的。」

帕蒂接受了老牧師的教誨，於是，他策劃了一個「批評帕蒂」的集會。集會的目的是讓別人能坦率地批評自己，為此，他確定了下列三項原則：

一、集會上人人都能暢所欲言，但參與集會的人最多只能是五個。

二、為了要讓更多的人都有批評的機會，每次邀請的對象不能相同。

三、既然是他主動邀請別人來的，來者就都是他的貴賓，一定要熱誠地予以招待。

當一切準備就緒，他立刻去拜訪幾個關係較好的投保戶，誠懇地對他們說：「我才疏學淺，又沒有上過大學，因此連如何反省都不會，所以我決定召開帕蒂批評會，懇請你抽空參加，對我的缺點加以指正。」這些人覺得這種性質的集會很有意思，都很爽快的答應了。

帕蒂策劃的批評會終於如期開場，他覺得自己就像是砧板上的一塊肉，等著任人宰割。第一次批評會就使帕蒂原形畢露：你的脾氣太壞，而且粗心大意；你太固執，常自以為是，你應該多聽別人的意見；你的個性太急躁了，常常沉不住氣；你的知識不夠豐富，所以必須加強進修；待人處事千萬不能太現實、太自私，也不能耍手腕或耍花招，一切都應誠實。

他把這些寶貴的逆耳忠言一一記下來，並以此隨時反省自己。此後，帕蒂批評會按月定期舉行，他發覺自己正在慢慢地「蛻變」。經過一次又一次的洗禮，他把身上一層又一層的弱點剝了下來。隨著弱點的消除，他開始進步、成長。後來，他把在「批評會」上獲得的改進用在每天的推銷工作中，業績從此直線上升，成為一名優秀的推銷員。

帕蒂的成功正說明了一個人應該不斷地向自己的弱點挑戰。挑戰自我，拿自我的弱點開刀，才是成功的關鍵所在。但是向別人挑戰易，向自己挑戰難。所以，阿德勒崇尚挑戰自我，崇尚向自己的弱點和缺點宣戰。在阿德勒看來，真正成功的人就要學會「降服自己」，使自己成為一個「自勝者」，成為命運的主人。我們很多人都具有很強的自尊心，甚至是自戀心理，他們不敢主動地發現自己的弱點，更難以主動接受別人對自己的指正，這就導致他們失去了很多成長和完善的機會。所以，我們要學會自我反省和接受批評的重要性，人人都有弱點，但是只有那些勇於承認自身弱點，並積極克服的人，才能成為最後的勝者。

怯弱是自己對自己的能力、品質評價偏低的一種消極的意識。

——阿德勒

充滿自信，你能面對任何挑戰

阿德勒在研究兒童自卑心理時發現，許多傑出的人也有怯弱的時候，但他們更多的時候還是堅強和自信的。傑出的人之所以傑出，是因為他們一旦發現了自己的怯弱，也會很快用自己的堅強和自信克服它、戰勝它。

所以阿德勒在《兒童的人格教育》中這樣說：「自信是怯弱的最大剋星，但自信並沒有什麼神秘可言，它應該是人人都具備的，它的發揮或抑制程度關鍵在你的思維意識。」在他看來，對任何一件事，你首先萌發出的是「我一定能做到」，在這種自信的指導下，意識中就會產生「該如何去做」的動力。可以確切地說，如果在思維中樹立堅強的自信心，你在這個世界幾乎沒有做不到的事情。隆納・雷根就是掌握了這個訣竅，最終當選了美國第四十屆總統。

從二十二歲到五十四歲，雷根從電臺體育播音員到好萊塢電影明星，整個青年到中年的歲月都身陷在文藝圈內，對於從政完全是陌生的，更沒有什麼經驗可談。這一經歷，幾乎成為雷根涉足政壇的一大阻礙。然而，當機會來臨，共和黨內的保守派和一些富豪們竭力慫恿他競選加州州長時，雷根毅然決定放棄大半輩子賴以為生的影視職業，決心開闢人生的新領域。

當然，信心畢竟只是一種自我激勵的精神力量，若離開了自己所據有的條件，信心也就失去了依託，難以變希望為現實。大凡想有所作為的人，都須腳踏實地，從自己的腳下踏出一條遠行的路來。正如雷根要改變自己的生活道路，並非突發奇想，而是與他的知識、能力、經歷、膽識分不開的。有兩件事樹立了雷根角逐政界的信心。

然而這一切在雷根的對手、多年來一直連任加州州長的老政治家布朗的眼中，卻只不過是「二流戲子」的滑稽表演。他認為無論雷根的外部形象怎樣光輝，其政治形象畢竟還只是一個稚嫩的嬰兒。於是他抓住這點，以毫無政治工作經驗為實進行攻擊。殊不知雷根卻順水推舟，乾脆扮演一個淳樸無華、誠實熱心的「平民政治家」。雷根固然沒有從政的經歷，但有從政經歷的布朗恰恰才有更多的失誤，給人留下把柄，讓雷根得以輝煌。

在阿德勒的人生哲學裏，怯弱心理的形成與環境因素、生理狀況、價值取向有關。有時，特定生活環境對思維意識會產生一定的影響。

英國科學家將一組曾離開過父母的大學生與另一組長期與父母生活在一起的大學生作了一番研究，發現後一組的心理怯弱程度要遠遠超過前一組。由此可見，怯弱是從童年就養成的，孩提時，總覺得父母比自己高大，要依賴長輩，令他們在不知不覺中產生了「我弱小」的感覺，思維相對也就缺少了自信。

科學家的理論我可以不去質疑，但人的生理、心理、知識、能力等都是不盡相同的，有好多是靠後天培養和自我發揮的。雖然每一位優秀者都有他的不是，即所謂的「金無足赤、人無完人」。對一個有傑出思維、具備快速克服怯弱而樹立自信的人來講，他們對待同一件事物上的反應是截然不同於眾人的。

有一天，艾瑪老師帶著三個從未見過老虎的小學生來到動物園，當他們站在籠子前，看到張牙舞爪的老虎，一個學生嚇得渾身發抖，躲在老師身後叫道：「我怕，我要回家！」第二個學生站在原地，雖然已嚇得臉色發白，但還是目不轉睛地盯著老虎，口中顫抖地重複著：「我不怕，我一點也不怕。」第三個學生雖然也表現得很恐懼，他卻問：「老師，它會衝出來嗎？如果衝不出來，我可以去摸摸它嗎？」

可見，三個學生都表現出了怯弱，但他們的表現程度卻不盡相同。因此，要想走出怯弱，就需要敢於面對挑戰，並迎接它、戰勝它、超越它。

信心對於博奕者具有重要意義。阿德勒認為，傑出人物的欲望是創造和擁有財富的源泉。人一旦擁有了這一欲望，並經由自我暗示和潛意識的激發後形成一種信心，這種信心便轉化為一種「積極的感情」。它能夠激發潛意識釋放出無窮的熱情、精力和智慧，進而幫助其獲得巨大的財富與事業上的成就。所以，有人把「信心」比喻為「一個人心理建築的工程師」。在現實生活中，信心一旦與思考結合，就能激發潛意識的力量來激勵人們表現出無限的智慧，使每個人的欲望所求轉化為物質、金錢、事業等方面的有形價值。

信心，能使人充滿希望，能夠充分開發一個人的潛能。人的潛能是一片廣闊的天地，它像宇宙一樣，無邊無際。

——阿德勒

信心是一個人成功的動力

為什麼有些人會在事業上貢獻突出，而另一些人則碌碌無為呢？原因是大多數人會受到社會條件的制約，總認為自己的見解無足輕重，自己註定沒出息，自己的命運不好，自己註定了是無所作為的。這種自卑或自暴自棄心理，正是消極的喪失信心的表現，也阻礙了人們前進的步伐。

古往今來，許多失敗者之所以失敗，究其原因，不是因為無能，而是因為缺乏信心。沒有信心，實際上是由於放棄了爭取實現可能性的努力，使可能變成不可能。一分信心，一分努力，一分成功；十分信心，十分努力，十分成功。

這個世界是由自信心創造的。世界上有一半以上的人患有營養不良，差別只是程度不同。同樣的，世界上信心不足的人也有一半以上，也只是有著程度的不同。營養不良，使人的身體無法正常發育；信心不足，則使人的才能無從發揮。你要相信自己，你要對自己的能力有信心！

人人都有夢想，人人都想要成功，每一個人都想要獲得一些最美好的事物。沒有人會喜歡碌碌無為，過平庸的生活。阿德勒在《生命對你意味著什麼》中說：「一個人不可能毫無怨恨和惱怒地忍受不能受到和別人一樣的尊重。他們不會停止追求優越地位，因為這種追求永無止境。」在阿德勒看來，沒有人會永遠甘為人後，這是人的天性。生活之中就有這樣的例子。

一個有兩個孩子的父母，總是會發出這樣的感嘆：「為什麼同樣的教育孩子差距會這麼大？」最後只得歸因於一切無解問題的答案——遺傳，這當然是不科學的。因為事實上出現這種情況的家庭，父母一定沒有對兩個孩子付出同樣的教育。最初當然是一致的，可是也許在識字階段，也許在更早的說話階段，因為不同的孩子註定會有不同的發展階段，這時教育的區別就出現了，或者因為幫助晚學會說話的孩子而給予較多的關注，或者覺得先說話的更聰明而給予更多的讚揚，總之在潛意識裏關注一個，忽視另一個。我們知道孩子的心理形成初期就在四、五歲之間。所以幾年後，雖然將兩個孩子送到同樣的環境接受教育，但是差別已經產生了，之後的差距更是會越來越明顯，而父母、老師有關「為什麼同樣受教育的孩子差距會這麼大？」的疑問更會加劇弱者的被忽視感，加大他去盲目追求優越感的機率，心理也會出現缺失。

寸有所長，尺有所短，每個人對自己得有信心。信心是一種人格特質，也是一種平靜穩定的心理現象，更是一個人成就自己的美德。有大信心者，就會有大成功；有小信心者，只能有小成功；沒有信心者，則沒有成功。

有信心的人，總是顯得穩健安定，儀態優雅，從容機智；缺乏信心的人，則惶惑畏懼，優柔寡斷。信心是精神生活的舵，它維持我們生活的方向；信心是生活的記憶體，它使我們強壯有力，無堅不摧。

這是發生在一九八〇年的一段歷史：紐西蘭人李特和另外五人從斐濟群島的威第雷佛出發，共搭乘一艘僅有四公尺長的機帆船，到離岸十五公里的暗礁上去旅遊。六個人在萬里無雲的南太平洋上，觀賞五顏六色的珊瑚，海面一片平靜。下午三點鐘，他們啟程返航，就在他們笑聲不絕的時候，海面突起風浪，將小艇打翻，幾個人被拋入海中，情勢十分危急。

大家驚恐慌亂起來，有人主張游回暗礁，有人建議棄船游回威第雷佛。大家七嘴八舌，各執一詞。這時，比爾插話了。他是一個有經驗的衝浪救生會會員，精於海上脫險逃生技術，是位信心十足的人。他打斷了大家的話，堅定地說：「最要緊的是我們不要離開船。大家聚在一起還有希望，萬一分開，我們只有靠個人的力量，而鯊魚和海浪隨時會把我們吞吃掉。大家一定要採取團體行動，發揮團隊精神，保持必能生還的信心。」

大家見比爾的話裏充滿著信心，都接受了他的建議。眾人齊心合力把小船扶正，讓艙頂露出水面。這個搖搖晃晃的船體，是他們求生的唯一希望。他們在水裏共同推著船前進，輪流進入艙內休息。翻倒的船由六個人緩緩向前推著，比爾不斷地鼓舞大家，同伴中只要有人體力不支，就到船艙裏休息一會兒，讓別人推著走。經過十八個小時的艱苦奮鬥，他們終於死裏逃生，回到岸邊。

李特等人的求生力量源自於信心，如果他們沒有了信心，最終不可能全部生還。

有人說，信心好比是左右我們一生成就的調溫器。這句話頗有道理，一個平庸的原地踏步的人，總覺得自己不重要，成就不了什麼大事，因而他扮演的始終是可有可無的小角色。這樣的人，從他的言談、舉止、行為中都顯示出缺乏信心。

每個人都有自己的活法。擁有意義非凡的人生，並不是讓自己去做那些做不到的事情，而是在生命中找到自我實現自我，學會在平凡和不平凡之間，活出真正的自己。

——阿德勒

誰都可以擁有意義非凡的人生

阿德勒說過，一個人就是他成天所想像的那種樣子，他怎麼可能成為另一種樣子呢？一旦知道你在想些什麼，自然而然也就知道了你到底是一個怎樣的人，因為每個人的特性，都是由思想造成的。思想的作用是巨大的，因而正確積極的思想對一個人的生活與成功意義也是非常巨大的。你的思考決定你的行動，你的行動則決定別人對你的看法，因此，你必須擁有正確積極的思想，相信自己能夠擁有意義非凡的人生。

阿德勒說：「信心是永恆的特效藥，它賦予思想以力量和生命。」在阿德勒看來，信心是一種非常神奇的東西，有了信心的指導能夠創造出許許多多的奇蹟。信心是一種深遠、本能的精神力量，它可以激勵著人不斷地前行，但是有信心的前提必須是要充分的相信自己，相信自己背後無限的力量。相信了這些就打開了能量的閥門，就打開了希望的天空，於是一切就有了新的可能，就會有新的超越。

世界上沒有兩片相同的葉子，同樣，也不存在另一個你。每一個人都是獨一無二存在的，這世上沒有任何人會跟我們一模一樣。**也許我們並不是最優秀的，但的的確確是獨一無二的。**

孤兒院中有一個小男孩，他非常悲觀，常常問院長：「像我這樣沒爹沒媽的孩子，活著究竟有什麼意思？」院長對小男孩的問題總是笑而不答。一天，院長交給孩子一塊奇石，讓他拿到市場上去賣，但不是「真賣」：無論別人出多高的價錢也不賣。在市場中孩子驚奇地發現，不少人對他的奇石感興趣，出的價格也是水漲船高。過了幾天，石頭的價錢還在不斷地上漲。最後，當石頭被拿到寶石市場上時，石頭的身價又漲了十倍，並且由於男孩怎麼都不賣，這塊普普通通的石頭最後竟被傳揚為「稀世珍寶」。

後來，這位孤兒院的院長這樣對小男孩說：「生命的價值就像這塊石頭一樣，在不同的環境下就會有不同的價格。一塊不起眼的石頭，由於你的珍惜而提升了它的價值，竟被傳為稀世珍寶。你不就像這塊石頭一樣？只要自己看重自己，珍惜自己，生命就有價值，人生就擁有非凡的意義。」

最精彩的人生，就是能夠在生活中自由自在地揮灑，勇於選擇和不推卸人生的責任。最美麗的人生，就是要捕捉生命中的點點滴滴，無論是平凡的或者是不平凡的。人生的精彩，不在那瞬間的驚豔，而在於細細咀嚼人生時所綻放的耀眼光芒。

把握自己的生命，高懸某種理想或信念，集中自己的全部精力，沿著一個明確目標的努力。有許多人平凡無奇，悄然逝去，這是因為他們自甘平庸，認為人生自有天定，卻從沒想到人生是可以創造的。

如果自我評價的方向是正向的、自我肯定的，能夠準確發現自己的長處、優勢，自己不僅會由此產生積極的情感體驗，同時將更有可能發展出好的行為，產生良好的結果。

——阿德勒

找一找我們的優勢在哪裡

每個人身上都有最優秀而獨特的地方，這份優秀只屬於這個人自己。而一個人成功與否，取決於他是否能發現自己的優勢，並全力將它發揮出來。只有瞭解自己的優勢，最大限度地發揮自己的專長，才能讓你登上人生的絢麗舞臺。我們要透過正確地評價自己，來發現自己的長處，肯定自己的能力。自我評價的方向和內容對人自身有很大的關係，只看自己的缺點好像千百遍地聽人說「你這不行，你那不行，不准做這，不准做那……」但從來不知道自己哪兒行、不知道要幹什麼，這種情景是令人非常絕望的。阿德勒說：「如果自我評價的方向是正向的、自我肯定的，能夠準確發現自己的長處、優勢，自己不僅會由此產生積極的情感體驗，同時將更有可能發展出好的行為，產生良好的結果。」

這裏，阿德勒強調的是人要有「自知之明」，但他認為這個「明」，既表現為如實看到自己短處，也表現為如實分析自己的長處。他說：「如果只看到自己的短處，似乎是謙虛，實際上是自卑心理在作怪。」中國人說，「尺有所短，寸有所長」，每個人都有自己的優勢和長處。一個人不可能做到面面俱到、樣樣優秀，因為那要耗費的精力實在太多了，但如果能集中優勢把一項做精、學專，那將成為某一領域的行家高手。如果我們能客觀地評價自己，在認識缺點和短處的基礎上，找出自己的長處和優勢，並發揮優勢，那麼你自然而然地就會都得到某方面的成功。

事實上，我們大部分人對自身才幹和優勢的瞭解並不全面，更不具備根據優勢安排自己生活的能力。相反，我們曾接受的教育「你要把這些那些缺點改掉，爭取做一個好孩子、好學生……」使我們成了查找自身缺點的專家，為修補這些欠缺而一生追求。可當我們把過多的精力用於彌補缺點時，也就無暇顧及自己的優點了，這樣的人是很難取得事業上的成功的。

在美國，有一個關於成功的寓言故事，一直被廣泛流傳。這個寓言故事講的是，為了和人類一樣聰明，森林裏的動物們開辦了一所學校，學校開設了五門課程，唱歌、跳舞、跑步、爬山和游泳。開學第一天，來了許多動物，當老師宣布，今天上跑步課時，小兔子高興地一下在體育場地跑了一個來回，並自豪地說：我能做好我天生就善於做的事。而再看其他小動物，有撅著嘴的，有搭著臉的。第二天一大早，老師宣布，今天上游泳課，小鴨也興奮地一下跳進了水裏，天生恐水、祖上從來沒人會游泳的小兔傻了眼，其他小動物更沒了招。第三天是唱歌課，第四天是爬山課……以後發生的情況，大家便可以猜到了，學校裏每一天的課程，小動物們總有喜歡和不喜歡的。

這個寓言詮釋了一個通俗的哲理，那就是：不能讓豬去唱歌，兔子學游泳。想成功，小兔子就應跑步，小鴨子就該游泳，小松鼠就得爬樹。阿德勒說：「判斷一個人是不是成功，最主要的是看他是否最大限度地發揮了自己的優勢。」

有一個小男孩很喜歡柔道，一位著名的柔道大師答應收他為徒，然而，還沒有來得及開始學習，小男孩就在一次車禍中失去了左臂。那位柔道大師找到小男孩，說：「只要你想學，我依然會收你做徒弟的。」於是，小男孩在傷好後，就開始學習柔道。

小男孩知道自己的條件不如別人，因此學得格外認真。三個月過去了，師傅只教了他一招，小男孩感到很納悶，但他相信師傅這樣做一定有自己的道理。又過了三個月，師傅反反覆覆教的還是這一招，小男孩終於忍不住了，他問師傅：「我是不是該學學別的招術？」師傅回答說：「你只要把這一招真正學好就夠了。」

又過了三個月，師傅帶小男孩去參加全國柔道大賽。當裁判宣布小男孩是本次大賽的冠軍時，他自己都覺得不可思議。只有一條手臂的他，第一次參賽就以唯一的一招打敗了所有的對手。回家的路上，小男孩疑惑地問師傅：「我怎麼會以一招得了冠軍呢？」師傅答道：「有兩個原因：第一，你學會的這一招是柔道中最難的一招；第二，對付這一招的唯一辦法是抓你的左臂。」

世界上沒有絕對的廢物，只要找到勇敢出擊的突破口，誰都是可用之材。而對每個人來說，自身的缺陷在某種情形下正是自身的優勢所在，而這種優勢是獨一無二的，別人無法模仿的。

歌德一度沒能充分瞭解自己的長處，樹立了當畫家的錯誤志向，害得他浪費了十幾年的光陰，為此他非常後悔；阿西莫夫是一個科普作家，同時也是一個自然科學家。一天上午，他坐在打字機前打字的時候，突然意識到：「我不能成為一個第一流的科學家，卻能夠成為一個第一流的科普作家。」於是，他幾乎把全部精力放在科普創作上，終於成了當代世界最著名的科普作家。

我們發現，成功者幾乎都有一個共同的特徵：不論才智高低，也不論他們從事哪一種行業、擔任何種職務，他們都在做自己最擅長的事。像一個國家選擇經濟發展策略一樣，每個人都應該選擇自己最擅長的工作，做自己專長的事，才會勝任並感覺愉快，為此要把握幾個原則。

第一個原則是「比較利益原則」。當你把自己與別人相比時，不必羨慕別人，你自己的專長對你才是最有利的。

第二個原則是「機會成本原則」。一旦自己做了選擇之後，就得放棄其他的選擇，兩者之間的取捨就反映出這一工作的機會成本，所以你一旦選擇，就必須全力以赴，增加對工作的認真程度。

第三個原則是「效論原則」。工作的成果不在於你工作時間有多長，而是在於成效有多少，附加價值有多高，如此，自己的努力才不會白費，才能得到適當的報償與鼓舞。

在現代職場上，有些人打拚了多年，卻依然碌碌無為，看不到一點成功的跡象。關於成功，不但他們自己，甚至連別人都覺得憑他們的能力和努力，也該會有一番成就的。分析其不成功的原因，就在於他們幾乎都沒有將自己的才幹用在最有把握的工作上，也就是說沒有做自己最擅長的事，把才幹用錯了方向。

你撇開了自己最擅長的工作，無異於拋棄了你最重要的競爭優勢。在你不擅長的工作上，即使你費了九牛二虎之力，克服了自己的弱點，至多也不過使你得到一個和別人平等的地位而已。

如果你要想在生活中取得成功，就要選擇自己最擅長的，不然，你會看起來正在向成功積極邁進，實際上卻是南轅北轍。要想做最擅長的事，你必須認清自己真正的才能和限度，也就是你具備的才能最適宜做什麼領域的工作，在這個領域你成功的限度是什麼。既不要輕視自己，也不要看高自己，給自己做一番誠實的評價，如果你對自我評價有點不自信，可以諮詢專家、親人或者朋友。當然，最重要的還是聽從心靈的需要，因為你對某項工作表現出來的熱情，以及由此挖掘出的潛力，任何人都不如你自己清楚。

優越感的目標屬於個人，它對每個人來說都是不同的。它依附於個人賦予生活的意義。不僅僅是言辭，它更顯示於個人的生活方式之中，宛如它自己創造的一支奇異曲調貫穿其中，它並不把自己的目標表現得使我們能一目了然。反之，它表達得極為間接，這樣我們只能從它給予的線索中猜到。

——阿德勒

確立屬於自己的優越感目標

在阿德勒的《生命對你意味著什麼》中有這樣一段話：「多數時候優越感目標的制定，基於我們對個人優勢的瞭解。在我們的一生中，我們透過不斷地探索和猜想，甚至還有點賭注的意味，最終決定自己的優越感目標。但即使如此也沒有人能夠完全清楚、完整地描述出自己的優越感目標。因為它不斷以生活方式的形式顯示出來，而瞭解人的生活方式就如同瞭解一個詩人的作品一樣，展現在我們眼前的只是優美的字詞，可隱含其中的深意，卻只能經由猜測和揣摩，而無法得到最全面，最完整的含義。這是我們人生最豐富複雜的創造。」

在阿德勒看來，人一旦確定了優越感的目標，他的生活方式就會從此找到方向，所有的行動都與此一致。我們都清楚人生最可怕的是沒有目標，那會使我們如無頭蒼蠅般讓生活陷入泥沼。一旦目標確立，為了實現這個目標，我們所有的行動都變得有了方向。當我們的人生道路出現偏差的時候，也能因為有目標的指引而回歸正途。即使在某一方向受到挫折，也能積極努力地為自己尋找到更多的新途徑，而不會陷入一時的挫折中而無法前進。

在談到優越感時，阿德勒認為，優越感的追求要符合社會利益。他是這樣說的：「區分優越感追求是有益或無益的基礎是什麼？答案是，看這個基礎是否符合社會利益。我們很難想像一個值得稱道的成就與社會無關。」

我們知道優越感的目標對我們人生的發展有著巨大的作用，因此優越感的追求是有益還是無益這顯得尤為重要。因為每個人對生活意義的定義都不盡相同，所以對優越感的追求也是隨之變化的。可是無論人們對生活意義的具體定義是什麼，它總不能偏離一個基礎，那就是它是不妨礙社會發展、對社會有益的。由此我們也就可以知道有益還是無益的基礎也必須是符合社會利益的。

個人優越感的追求必須切合現實的邏輯，而且其切合的程度必須能夠顯示出這個行動對於社會需要和社會利益的關聯程度。其實，我們在日常生活中並不總是需要運用複雜的評價技術來對某一行為結果進行判斷。而且從科學的立場來看，我們也不可能找出一種行為能夠對所有人都是善的和有益的。這關乎有沒有絕對真理的問題，關乎對人生問題的正確解決，但其實人生問題是受地球、宇宙和人的關係的邏輯的制約。所以當面對孩子時，必須告知他們，如果他們的優越感的追求偏離了對社會有益的方向，他們就不能從消極的經驗中獲得積極的教訓。

同時也必須要教育兒童，生活並不是由系列相互不關聯的事件組成的，相反應該把自己的生命視為與社會其他相互關聯的事件。兒童只有理解了這一點，才能獲得正確合適的追求優越感的方法。

第四章

阿德勒談個性——用完美性格面對世界

阿德勒將個體心理學視人格為統一的整體，強調其不可分割。阿德勒認為每個人的人格都是各種動機、特質、興趣、價值所構成的統一整體。所以，人們常說性格決定命運。而在現實中，人們往往忽視了性格對人生的作用。

性格後天的可塑性對於人的成長非常重要，尤其是幼兒時期的成長環境，對於人的性格形成有著很大的影響。

——阿德勒

阿德勒談人的性格

我們在日常生活中經常會遇到這樣的形容詞，比如：「這個人性格很內向」、「他脾氣暴躁」、「她總是急急忙忙的」，可是真正問起來我們又很難給性格下一個準確的定義。

性格一詞來自於希臘文中的「personal」，原意表示希臘人在演戲時會戴上面具，之後演繹為演員在戲中演出的角色或演出角色的人，有時也指具有某種特徵的人。如今的性格一詞在經歷漫長的演變後，早已失去了原意。一般來說，性格指的是個人行為的特徵。它是個人心理面貌、本質屬性的心理整合以及因環境而產生的慣性行動傾向。概括地說，性格就是人在處理事情的態度和行為上表現出來的心理特點，如理智、沉穩、堅韌、執著、含蓄、坦率等。

阿德勒認為，性格是人在活動中，在主體和客體相互作用的過程中形成和發展起來的。客觀事物的各種影響透過主體的認識、情感和意志活動，在個體的反映機構中保存、固定下來，構成一定的態度，並以一定的形式表現在個體的行為之中，構成個體所特有的行為方式。

阿德勒認為性格有三個特徵：性格具有穩定性、性格具有獨特性和性格具有複雜性。

性格具有穩定性。阿德勒認為，性格一經形成就比較穩定並貫穿於整體行動之中，任何偶然的表現都不能認為是他的性格特徵。它表現為一個人對周圍的事物所特有的、經常性的傾向。一個人必須對現實生活有穩定的態度以及相伴而生的習慣性行為方式。

性格具有獨特性。阿德勒認為，現實生活中人與人之間性格的差別，就像我們的指紋一樣，只有類別上的相似，沒有絕對的相同。性格是區別人與人之間差異的重要標誌。

性格具有複雜性。阿德勒認為，這來源於社會現實生活的複雜性和矛盾性。很難用幾句話加以歸納。只有深刻解剖自己的內心世界，深刻分析自己的各種欲念、思想動機和自己性格方面的各種表現，聯繫起來加以考察，才能在本質上把握住自己的性格。

性格的社會化程度決定了它總是受一定的社會環境的影響——這是阿德勒對人性格的經典

論述。科學表明，人的性格形成一半來自先天的遺傳基因，一半來自後天的環境因素。個體的先天素質與其所遭遇複雜多變的社會所構成的矛盾統一，使人產生了一定的內外部行為。

之後的心理學家們一直認同這樣一個觀點：性格對於一個人的行為方式有支配作用。比如，有的人性格魯莽，所以行事容易忘東忘西；有的人性格急躁，所以遇事容易激動；有的人性格剛毅，所以在困難面前總是表現得勇敢堅定；有的人性格倔強，遇事喜歡鑽牛角尖，常常會陷於被動而不能自拔等等。每個人都希望自己的性格變得勇敢而堅強，但每個人的性格中又或多或少有懦弱的成分存在。懦弱性格的人雖不利於成就偉業，但他們常常情感豐富、細膩，觀察敏銳，是天生的文學藝術之才。比如南唐後主李煜，他用他那哀婉淒切的詞曲訴說著歷史和他個人的悲劇，他的優柔懦弱的性格毀了他的國家，卻成就了他的「詞壇大業」。

性格具有可塑性。性格是穩定的，但又不是一成不變的。它是一個人在主體與客體的相互作用過程中形成的，同時又在主體與客體的相互作用過程中發生緩慢的變化。它是一個不斷進化的動態系統，它接受自我意識的控制和調節。一個人可以透過自我意識來鞏固、加強和完善性格中的優點，也可以透過自我意識有目的地節制和消除性格中的不利因素。

因此，阿德勒認為，一個人只有認清自己的性格，才能充分協調好自身內部以及自身與周圍環境之間的關係，在穩定與和諧的性格取向中逐漸走向成熟。

個人魅力可以說是一種神奇的天賦，它可以改變最桀驁的性格，甚至可以影響到一個民族的命運。

——阿德勒

活著一定要注重個人魅力

「個人魅力」到底指什麼？概括地說，應該指一個人的所作所為作用於其他人內心的一種吸引力和感染力，它實際上是個相當模糊、高度綜合的概念。它不單來自外表亮麗，不僅來自技術高超，也不僅來自才能過人，甚至不僅來自品德高尚，它來自多種因素的綜合力量。在我國古代，評價一個人的優劣，「賢」是最佳境界。什麼是「賢」？德才兼備謂之賢。如果要將德和才再分出孰重孰輕，古人的結論是德比才更重要。所謂「功名之成必本諸道德」，「邀利祿為成功，取科目為成名，失其真矣」（清代鄭昌時《韓江聞見錄》）。因為道德是處理人際關係和自我約束的準則，所以重視道德實際上涉及個人魅力問題。

阿德勒說：「一個人僅有漂亮的外表或者過人的才能，並不足以引起人們真正的喜歡和尊敬，只有外表、才能、性格、情智、氣質、品德、素養等多方面因素的有機交融，才會引起人們真正的欣賞、愛戴和尊重，而品德是所有這些因素中的關鍵，它賦予了一個人基本的底蘊。」

事實上，我們總是容易受到那些極富個人魅力的人的影響。這種影響是悄無聲息的，但效果卻是驚人有效的。每當那些極富個人魅力的人出現在我們的面前，或者出現在我們的心中，我們都會受到他們的鼓舞，甚至認為自己也變得偉大起來。

這些偉大的人物能夠打開我們心中的希望之窗，使我們的視野變得開闊，使我們的身體可以充滿無窮的力量。經過他們的感染，我們會釋放出自己內心積聚已久的壓力，坦然地面對嚴酷無情的生活。

當我們和這些人交流時，我們便會情不自禁地被他們的魅力所吸引，而更為令人吃驚的是，我們自身也會因此而發生劇烈的變化。我們會突然感覺自己能說會道了，語言比以前任何時候都要清晰、生動。

是的，跟他們在一起，我們心情輕鬆，完全可以將自己最好的一面展示出來。他們讓我們看到了一個更強大更完美的自己；和他們在一起，我們的心中會充滿熱烈的渴望和無窮的動力，彷彿在轉瞬之間，我們的人生變得更加有趣和高尚起來。在他們的鼓舞下，我們躍躍欲試，希望可以做一些自己之前不敢嘗試的，或者做得不夠好的事情。

也許在遇到他們之前，我們心中早已被憂傷、墮落的思想所占領，但是當他們身上的魅力像一道閃電射入我們的心靈，照亮我們那些被壓制已久的能量時，那些肆虐無羈的憂傷和絕望便會被一掃而空，取而代之的將會是歡樂和希望。

之前那種死氣沉沉的平庸生活，那種缺乏目標和追求的生活，都將從我們的視野中被掃蕩出去。而我們自己也會有一種脫胎換骨的感覺，決心激發自身的潛力，重新以滿腔的熱忱投入到新的人生目標的追求當中。

其實，每個人的身上都具有這種無法捉摸的、難以言狀的神秘氣質，我們通常將其稱之為個性或者人格。一般而言，相比於那些可以衡量出強弱的能力或者可以品評出優劣的品質來說，它所具有的威力要大得多。

眾所周知，過去的法國，在沙龍上發揮主導作用的，絕不是一國之君，而是一些氣質高貴的女士。這種氣質與美麗的外表毫無關係，但是卻能夠深深地吸引他人，而且這種氣質往往出現在那些相貌平平的女子身上。這種氣質是一種寶貴的資源，但是很多人卻不識其「廬山真面目」。這些人對於自己的氣質有一種模糊的認識，但是對於它的來源，卻從來不曾知曉。雖然和詩歌、音樂、藝術、天賦一樣，一個人的氣質是與生俱來的，但是我們仍然可以透過後天的培養而獲得氣質的提升。

優雅的風度往往是一個人人格魅力的源泉。除此之外，機智而得體的舉止也是非常重要的一個因素。對於任何渴望擁有這種魅力氣質的人而言，自身良好的判斷力和豐富的智識也是必不可少的。最後，不要忘記培養自己高雅的品味。

偉大的個性造就了偉大的人物。個性，成為了一個人成功的重要因素。

——阿德勒

》自己的個性是成功的階梯

阿德勒在晚年時，有人這樣問他：「你對心理學上的研究的成功，是你最大的成功嗎？」

阿德勒笑笑說：「我最大的成功不是對心理學的研究，而是我為自己塑造了一個完美的個性。」

這個人繼續提問：「對你來說，什麼才是重要的？」

阿德勒不假思索地答道：「重要的是要有個性。」

個性，成為了阿德勒成功的座右銘。事實上，也確實如此。個性不僅是一個人自我的展現，也是一個人能力的體現。世界上每個人都是獨一無二的，我們的個性中總有一些能夠感動他人，幫助自己獲取成功的因素。如果我們認識到自己個性的魅力時，我們要做的就是充分地將其發展。

這是一個同質化嚴重氾濫的時代。不論是物質商品，還是精神觀念，都越來越趨於類似，模仿代替了創新，僵化阻滯了開拓。然而在這個看似奼紫嫣紅卻千篇一律的時代，人們的內心依然隱藏著追求自我、追求個性的衝動。個性，成為了這個時代最為稀缺的東西；個性，也成為了這個時代競爭最為激烈的商品。精品的商家紛紛為自己的產品賦予各種各樣的個性，透過建立符合商品特性的個性品牌，來提高商品的競爭力。由此，我們看到了各種各樣演繹商品不同個性的廣告宣傳。

個性，儼然成為了商業活動中的救世主。其實，個性確實具備這樣的能力。如果把個人看作待售商品的話，那麼，個性就是他保證價格與銷量的重要法寶。

居里夫人不僅是諾貝爾物理學獎和化學獎的雙料得主，還是一個為人稱道的賢妻良母。她身上所散發出的獨特的個性光輝，無時無刻不在照耀著他人，這其中就包括一個名叫羅莎琳・蘇斯曼・雅洛的女孩。這個女孩在十歲時讀到了居里夫人的傳記，便被她的個性魅力所深深吸引，勵志要成為居里夫人那樣的人。這一想法在當時受到了她周圍親人的一致懷疑，但是她堅持自己的夢想，最終成為了一九七七年諾貝爾生理學及醫學獎的獲得者。

其實，個性不僅僅對個人具有重要的作用，對企業來說，也具有相當重要的作用。一家個性十足的企業，它將創造出優秀的企業文化，迸發出極大的創新能力，而這些均是幫助企業發展壯大的重要因素。臺灣的ＩＴ產業正是透過自己與眾不同的發展道路，克服了自己先天的缺陷，實現了產業的騰飛。

對於ＩＴ製造業，美國要求利潤要達到四〇％，如果利潤僅僅是在一五％～二〇％之間，就會放棄；日本要求利潤在一〇％～二〇％之間，否則便無法承受；臺灣則可以承受五％～八％之間的利潤，並可以保證產品質量優良。

正是因為臺灣與眾不同的經營理念，他們才可以一次又一次地接到國際上的大訂單，一度成為世界上最大的ＩＴ產業基地。

阿德勒說過：「個性，是一個人整體的精神面貌，是一個人區別於他人的精神特質。」然而，今天這個世界卻並不僅僅是一個提倡個性的世界，它要求的是秩序與和諧，是運轉過程中的穩定與流暢。因此，對於個性來說，這並不是一個美好的世界，而是一個需要不斷抗爭的世界。

這個世界就如同一個漆黑、堅固的鐵屋子，禁錮著個性的生長，打壓著個性的發展。於是，一些人在黑暗中迷失了自己，漸漸與黑暗融為一體。而一些人則意志堅強，誓要打破這堅固的牢籠。於是他們充分地發展著，努力地生長著，如同一顆埋藏地下的種子，一旦開始萌芽，便爆發出驚人的力量。終於，一顆嫩芽破土而出，個性穿透了漆黑的鐵屋，為芸芸眾生帶來了一絲光明。這一縷光明如同拂過地面的一絲春風，它將吹醒深埋地下的種子；這一縷光明如同投入平靜湖面的一粒石子，它將使死氣沉沉的湖面蕩起層層的漣漪。是的，當一個人突破社會的桎梏，極致地發展自己時，他的個性不僅會使自己光芒萬丈，還會如朝陽般溫暖每一個人的內心。

充分發展你的個性吧，不僅因為這是你成功的階梯，更因為這裏有一個需要打破平靜的沉默世界。

每個人身上都會展現出不同的個性，只是分量的多少不同而已。

——阿德勒

認清楚塑造自己個性的目的

個性有好有壞。有些人的個性就像是山澗的溪水，它時而湍急時而緩慢，但無論怎樣，它總是發出歡快清脆的聲音，使聽到的人不知不覺被這樣輕快的曲調所吸引、所感染，進而和著輕快的曲調，在心中跳起快樂的舞蹈；有些人的個性就像是一汪泉水，雖然沒有溪水的活潑，但是多了一份從容與厚重，使看到它的人不禁忘卻了生活中的煩擾，進而沉下心來靜靜地感受生命的律動；有些人的個性則像是抽水的水泵，整日發出刺耳的聒噪聲。這種尖銳的聲音刺激著人們的耳膜，使本來混亂的心境更加難以平復。與這樣性格的人相處，我們能做的只能是離他盡可能地遠一些；有些人的個性則如同一個人造噴泉。雖然噴泉可以給我們帶來清冽的泉水，但是一旦出現故障，那麼它只能是一個徒有虛表的擺設。與這樣個性的人相處，他們雖然可以給你暫時的安慰，但是你很快就會發現這樣的安慰僅僅是出於禮貌使然。因此，當我們遇到這樣性格的人時，即使他有著漂亮的外表，我們也會寧願跟抽水泵待在一起。

在阿德勒看來，個性的不同不僅影響到每個人的人際關係，也會因此而影響到一個人在生活中的方方面面。這樣的觀點在當時有一定的前瞻性，在今天仍非常實用。今天的人們普遍認為，個性是一個人成功的重要因素，而這個個性無疑指的是積極的個性，能夠使人感覺如沐春風的個性。對於個性，我們要做的就是發揚好的，抑制壞的。或許有人會說，個性是一種天生的特性，後天是很難改造的。其實不然，個性如同之前提到的毅力一樣，它們都是我們心理的一種狀態，只不過，個性包含的東西更為複雜而已。個性並不是不可改造的。我們一樣可以透過後天的努力，來塑造我們想要的個性。

佛蘭克林在年輕時，曾受邀拜訪一位老者。這位老者將他們見面的地點放在了一座低矮的小木屋中。會面的時刻到了，佛蘭克林如約而至。只見他昂首挺胸，器宇軒昂，大步流星地來到老者約定的地點。當他要進門的時候，只聽見「砰」的一聲，原來佛蘭克林的額頭重重地碰在了門框上。對於這一突如其來的情況，佛蘭克林感到既尷尬又生氣。這時，老者哈哈地笑著出來了，看到佛蘭克林正低著頭，雙手在揉額頭，便對他說：「今天之所以把你約在這裏，正是為了這個事情。很疼吧，是不是？這對你來說可是今天最大的收穫。你要清楚，一個人要想世事洞察，人情練達，他就必須學會低著頭做人。你整天昂著頭，是無法看到人們真實的面目的。」

這是佛蘭克林成長過程中的一個小故事，但是卻對他此後的人生產生了重要的影響。經過這次教訓，他不再傲氣凌人，而是學著低下頭謙恭地待人。具有吸引力的個性使佛蘭克林成為了一條山澗的小溪，一汪清冽的泉水，無論何時，他都可以滋潤萬物，給人們帶來歡樂和內心的平靜。正是因為佛蘭克林虛心接受老者的意見，認真地塑造自己的個性，他才成為了美國歷史上最受歡迎的總統。

佛蘭克林的轉變充分說明，在我們後天的生活中，個性是完全可以進行再塑造的。雖然從理論上說，個性是一種模棱兩可、不可捉摸的東西，但是在我們的現實生活中，它卻顯得那樣的真實與奇妙。

正如阿德勒所說：「個性的塑造是一個長期而又艱苦的過程，而且個性確實具有先天的特性，如果人們一不留神，它還會趁機從你的內心溜出來。」在我們塑造個性的過程中，我們要始終把握好自己的方向，即塑造個性的任務是為了吸引，而不是為了排斥。

在積極性格的支配下，他們完全可以激發出蘊藏在自己內心深處的潛意識，將自己的能力發揮到極致。

——阿德勒

積極的性格成就你的一生

為什麼有的人身處惡劣的環境，卻可以取得事業的成功、人生的幸福？而有的人，生活在優越的環境之中，卻只能默默無聞、毫無建樹地度過自己的一生？問題的答案就是：性格不同。

「人們之所以彼此之間有如此大差別，正是因為他們的性格都各不相同。有的人積極進取，有的人消極退讓；有的人堅韌不懈，有的人懦弱懶散……不同的性格往往造就不同的人生。」阿德勒這樣說。

擁有積極性格的人，他們經常會以一種樂觀、進取的姿態面對人生。即使是生活中遇到了巨大的挫折，他們也能夠以堅忍不拔的毅力、頑強拚搏的精神來扭轉對自己不利的局面。對這種擁有積極性格的人來說，他們更容易取得生活上、事業上的成功。

而擁有消極性格的人，他們的人生則完全是另一種模樣。他們以消極、避世的態度面對生活中的挑戰，他們往往將自己的失敗歸結於環境、運氣以及他人。他們不會去主動改變自己生活中的困境，而是寄希望於環境自己的變化，甚至於貴人的出現。這種人往往沒有生氣、死氣沉沉，不會為了自己的目標而主動出擊，即使機遇就在面前，他們也會視而不見，任憑機會從自己的指縫間溜走。擁有消極性格的人，即使他們身處優越的環境之中，他們也無法利用這些優質的資源來取得人生的成功。

在十九世紀末，有三名歐洲的探險家準備進行穿越北極的探險活動。他們來到了北極圈附近，準備駕駛雪橇進行探險。一開始，探險的進展情況非常順利，他們沒有遇到任何的困難，眼看著離目標越來越近，他們每個人心中都十分興奮。可是當他們將要到達北極點的時候，天氣突然變得惡劣起來。風暴夾雜著雪花，向他們劈頭蓋臉地砸了過來。突如其來的暴風雪阻止了他們前進的腳步。他們只好停頓下來，在極點附近安營紮寨，等待暴風雪的結束。

可是一週之後，天氣依然是惡劣不堪，暴風雪沒有一點減弱的跡象。這時，其中一個人害怕起來，他向另外兩個同伴說：「即使明天天氣好轉，能夠為我們成功穿越北極提供良好的天氣條件，我們的糧食也難以為繼了。走不到極點，我們就會餓死的，還是回去吧。」他失望、害怕的情緒很快傳染給了另外一個人。這個人也認為糧食已經不能維持到穿越北極，最好的選擇就是撤退。他們倆都表示，如果明天天氣轉好，他們就將返回。只有第三個人不為他們的消極情緒所感染，他信心滿滿地說：「如果明天天氣好轉，我們完全可以繼續前進。我們可以在沿途捕獵海豹。這樣的話，加上我們所剩的糧食，我們完全可以到達北極點，實現自己的目標。」

第二天一早，天氣果然放晴。由於三個人的意見無法統一，他們只得把糧食分為三份。前兩個人帶著他們的乾糧原路返回了。第三個人則獨自上路，繼續自己的探險。靠著自己的那份糧食和沿途捕獵的海豹，第三個人終於完成了自己極地穿越的探險活動。

試想，如果第三個人沒有積極進取的性格，他能完成如此輝煌的壯舉嗎？

性格對人的一生，就是具有如此大的影響。正因為如此，性格也一直是阿德勒研究的一個重點。心理學中記載了許多關於性格研究方面的案例，關於兒童性格發展的研究就是其中的一例。

阿德勒幾乎一生都將自己關注的焦點放在了兒童性格發展的研究上。他跟自己的研究夥伴隨機抽取了一批兒童，並持續地關注他們的成長經歷。這項研究的時間跨度長達十幾年，從孩子們小的時候一直追蹤觀察到成年。

在孩子們小的時候，這些心理學家就把孩子們的各種行為記錄在案。比如，遇到問題的時候，這些孩子當中誰會積極地想辦法解決，誰會在一旁無助地哭泣，等待別人的幫助；遇到失敗的時候，誰會堅持去嘗試不同的方法，誰會將其置之不理；授課老師不在的時候，誰會做到自覺自律，而誰會敷衍應付……他們把孩子的一舉一動都記錄下來，以備日後的研究。

幾年之後，他們會再去對孩子進行觀察研究，以和前期的研究進行比較。這種研究持續了很長時間，最後的研究結果表明：那些在幼稚園期間就表現得積極、樂觀、勇敢、自律的孩子，在長大以後，無論是在生活中，還是在事業上，大都有著令人滿意的表現。而表現消極、保守的孩子，他們的生活則大多不盡如人意。

阿德勒用科學的實驗觀察，再次為我們證明了性格在人的一生中何其重要。因此，務必使自己擁有一種積極的性格，這樣我們才能以樂觀開朗、勇於開拓的精神去面對生活中的種種挑戰，才能獲得自己期望中的成功。

性格是人的一種比較穩定、具有核心意義的個性心理特徵，它表現在人對現實的態度以及相應的行為方式中。性格一方面反映了人對這個世界的認識，一方面也反映了人對自我的道德要求。

——阿德勒

人的性格都可以改造得更完美

性格雖然具有相對的穩定性，但並不是說不可以改造的。在阿德勒看來，人的性格（即人格）是在本我、自我、超我的相互鬥爭和相互妥協中發展起來的。本我是人類行為最基本的驅動力，是人類無意識的一種集中體現。在本我的驅使下，人們要求自己的欲望能夠立刻得到滿足。在嬰兒期，本我就已經開始發揮其影響了。隨著生理方面的不斷成熟，個人將開始社會化的過程。此時，超我便開始出現，並發揮其巨大的威力。超我其實是社會規範、文化規範和道德要求在個人性格中的內化，它要求個人必須抑制本我的自私需求，以保證社會的有序運轉。本我和超我的鬥爭是極其尖銳的，可以說水火不相容。這時，自我便出現了，起到一種調和折中的作用，以便使個人能夠以一種平穩的心態度過自己的一生。

實際上，自我就是一種平衡器，抑制本我無限膨脹的私欲，也反抗規範毫無節制的打壓。經由這三者的不斷鬥爭，人們才能形成自己基本的性格特徵。但是，性格是可以改造的。因為，超我和自我都是一個人意識層面的活動，具有主觀能動性。因此，阿德勒說：「經過適當地改變自我和超我，完全可以改變本我、自我、超我之間的力量，從而使自己的性格發生改變。」

班傑明・佛蘭克林在他的自傳中為我們講述了他是如何改造自己的性格的。

有一段時間，佛蘭克林發現他正陸續地失去自己的朋友。他開始意識到自己的人際交往出現了問題，自己必須制定相應的計畫來改變目前這種情況。於是，他在對自己進行深刻地反思之後，為自己制定了十三條道德準則。

一、節制欲望：在飲食和酒精等方面要加以克制；

二、控制情緒：要謙虛待人，不可心懷仇恨和憤怒；

三、沉默是金：不要表達自己不成熟的見解；
四、井井有條：所有的物品，要擺放在正確的位置；所的事情，要按照計畫去施行；
五、學會節儉：把錢用在可以造福自己、造福他人的地方，不得亂花一分錢；
六、誠實守信：信守諾言。言必行，行必果；
七、勤奮努力：合理地利用時間去做有益的事情；
八、忠誠敦厚：不說謊話，表裏如一；
九、待人公正：不以卑劣的手段去傷害他人的利益；
十、乾淨清潔：保持身體、衣服以及房間的清潔衛生；
十一、心胸寬廣：不要為小事煩惱；
十二、慎言慎行：要使自己的言行符合道德的準則；
十三、謙遜文明：要像耶穌、蘇格拉底那樣立身處世。

制定完畢後，佛蘭克林就把它們記在了一個小本子上。然後一週七天，佛蘭克林都要記錄自己違反了其中哪些準則。慢慢地，佛蘭克林發現，他在上面能夠記載的缺點越來越少了。

運用這種方法，佛蘭克林使自己成了當時人格最完美的人。每個人都尊重他，敬佩他，很多作者更是把他作為性格改造的最佳例子而廣泛引用。無獨有偶，戴爾・卡內基在他的《人性的弱點》一書中，也為我們記述了美國商業銀行和信託投資公司的董事長霍華德是怎樣運用這種方法來完善自己的。

阿德勒在解釋他成功的原因時說：「多年來，我一直在一個記事本上記下當天所有的約會，然後，在禮拜天的晚上，我會把自己一個人關在房間裏自我反省，重新回顧和檢討這一個星期的工作。我會問自己：『我在這一週的工作中犯了什麼樣的錯誤？』『我做對了哪些事情，還有沒有更好的方法？我能從中學到什麼？』剛開始使用這種方法時，我會為自己所犯的錯誤而感到吃驚，但是，隨著時間的增長，我發現自己犯的錯誤越來越少。這就是我成功的原因。」

我們可以看到，即使偉大如佛蘭克林、成功如阿德勒這樣的人，也是需要不斷地改造自己才能走向最完美的自己。我們又何必自暴自棄呢？

性格的自我修養，是指自身為了培養良好的性格而進行的，自覺的性格轉化與行為控制的活動。自我修養是培養優良性格的必要途徑，又是個人掌握自己、控制自己的必備能力。

——阿德勒

好性格是錘鍊出來的

同樣是紅磚和水泥，建築師可以把它們建造成各種各樣的東西：或許會建成宮殿，或許會築成平房，或許會建成倉庫，或許會建成別墅……這關鍵看建築師們如何塑造。人的性格也是一樣，同樣在於自我的發現和創造。阿德勒說：「不經過一番努力，良好的性格也不會自發地形成。它需要經過不斷自我審視、自我約束、自我節制的訓練。正是在這種不斷地努力下，才會使人感到振奮，令人心曠神怡，從而發現一個獨特的自己。」

每年的十二月一日，紐約洛克菲勒中心前面的廣場，都會舉辦一次為聖誕樹點燈的儀式。碩大的聖誕樹堪稱完美，據說它們都是從賓夕法尼亞州的千萬棵巨大的杉樹中挑選出來的。

一位畫家深深地被聖誕樹的完美吸引住了，他帶領自己所有的學生去寫生。

「老師，你以為那巨大的聖誕樹真的那麼完美嗎？」一個中年女學生神秘地笑道。

畫家十分奇怪：「千挑萬選，還能不完美嗎？」

「多好的樹都有缺陷，都會缺枝少葉。我丈夫在賓夕法尼亞當木工，是他用其他枝幹補上去，才令這些聖誕樹看上去如此完美的！」

畫家恍然大悟：一切完美的事物都源自於修補。

每個人，不管他多偉大、多出名，都不過是那棵需要不斷修補的樹。任何性格，都是在不斷地修補中日臻完美的；任何人，都是在不斷地打磨中錘鍊成才的。

在阿德勒的人生哲學裏，自我修養在個人性格的發展過程中有著非常重要的作用，它是教育的補充力量，也是良好性格的發展方向。他的觀點正印證了中國的那句俗話：「玉不琢，不成器。」不論是偉人，還是庸人，每個人的優良性格都是在後天的實踐過程中，不斷進行自我修養的結果。

性格即命運，掌控命運需要主動，良好性格需要打磨。自然狀態下的鐵礦石幾乎毫無用處，但是，假如把它放到熔爐中鑄造，進一步提純，再進行錘鍊和高溫鍛冶，放入一個流筒模型中，它就可以製成優良的器具。

正是這種烈火焚燒、反覆錘鍊的過程，賦予了自然狀態下的鐵礦石以實用的價值。

任何人的一生都是自我完善的一生，自我塑造的一生。塑造性格的目的，就是要克服不良的性格，實現性格優化的轉變，從而找到最真實的自我。

性格的修養是一種完善自我的自覺行動。有無性格修養的自覺性，將決定能否在性格修養方面取得成效。性格修養的自覺性，首先來自於主體對性格缺點危害性的認識程度；其次，還取決於個體對自己嚴格要求的程度。成功的人，大多是從性格改造與完善中訓練出來的。一個胸有大志的人，對自己才會有嚴格的要求，他的理想越崇高，為了實現這個理想而積極改造自我性格的決心就越大。

美國著名文學家、政治家、企業家佛蘭克林能用十三項內容來錘鍊自己，緣於一位以嚴格要求和博學多才而聞名的編輯——弗恩。

佛蘭克林每次向他交稿時，弗恩總是一句話：「如果你對某一個字的寫法沒把握，就去查字典。」同時，他規定佛蘭克林每天寫一篇文章交給他。假如哪天沒有，弗恩就敲著桌子說：「文章呢？」這樣，在日積月累中，佛蘭克林的文章大有進步。

之後，弗恩去世了。佛蘭克林在整理弗恩遺稿時，看到了這樣一段話：「我不是你心目中的那個人。我並不懂寫作。你讓我教你，我儘量去做，其實多數時候是你自己打磨自己。」佛蘭克林終於明白：自己的寫作才能，其實就是自己在一天一篇文章的積累中打磨出來的。

此後，佛蘭克林一直以敬畏的心情，按照弗恩的嚴格要求，不斷磨礪自己，終於養成了良好的性格，也在寫作方面取得了很大成就。

人生最重要的就是自己打磨自己。只有自己不斷地磨礪自己，不停地在勤奮的熊熊爐火中錘鍊，性格才會鋒銳明亮，最終放射出奪目的光芒。

在自我調節變化自己性格的過程中，一般都是先改變自身的世界觀、信念，改變自身的態度特徵，進而改變自己各方面的性格特徵。

——阿德勒

自己的性格自己來決定

江山易改，本性難移。這種觀念在人們心目中已是根深蒂固，它主要是指人的性格很難改變，比江山更替還要難。然而從阿德勒的心理學的角度來看，性格不但具有可變性，而且它變化的難易程度，遠比江山社稷簡單得多。

那些諸如「性格一旦定型，人的一生就決定了」，「十八歲前性格還可以變，之後就難以改變了」等思想需要更新了。性格在任何時候都是可以改變的，只是隨著年齡而有難易不同罷了。所以阿德勒說：「性格就是態度、意志、情緒、理智四個方面結合起來的混合體，其中尤為重要的是態度特徵。態度特徵是由一個人的世界觀、信念、理想、興趣等組成的需要系統決定的，這個需要系統是人一切行為的動力。態度特徵直接體現著一個人對事物所特有的穩定的傾向，是人的本質屬性的反映。而恰恰正是這個最能反映人的本質屬性的態度特徵是可以改變的，而且並不是很難改變。」

我們常說「成見」這個詞，就可以看出人的態度特徵。「成見」不容易改，但不是絕對的不能改，在多次實踐之後，「成見」終將消失在正確的認識之中。比如，一個懶惰、無所事事的人在絕境和逆境之中，還是會認識到勤勞的意義的。

實踐活動是改變一個人的態度特徵的根源，一旦在實踐中被證實的觀念就會毫不猶豫代替以前的錯誤觀念，使一個自私自利的人變成大公無私的人，一個心狠手辣的人變成一個慈悲為懷的人，一個孤獨偏激的人成為一個樂群熱情的人。而相對於態度特徵，性格的其他三個方面的特徵，改變則難一點。究其原因，意志、情緒、理智等方面的性格特徵有很大的生理、遺傳的先天因素的影響。

「性格特徵，比如說勇敢與否，與人的世界觀、信念大有關係。有些人主導心境常是悲傷，就是源自他世界觀的悲觀；有些人情緒很穩定則很有可能是其恬淡、不貪的世界觀所致。」阿德勒如是說。

所以，性格的其他三個方面的改變相對於態度特徵來說，要難一些，而我們平常所說的本性，也有相當部分指的是這三個方面。但是態度特徵對其影響是非常重要的，態度特徵的改變也能夠在相當程度上改變其他意志、情緒、理智方面的性格特徵。而這三個方面受生理因素影響的特徵也不是不能改變的，在人的實際生活中，可以逐漸地改變，比如一個急躁的人當了醫生之後，逐漸養成耐心的特徵，逐漸改變著其神經類型。只是比起態度特徵來，要緩慢一些，複雜一些。

態度特徵的改變可以標誌人的性格的改變，態度特徵一般在兩種條件下改變的，環境的外力改變和自我調節的內力改變，而前者也需要作用於自身的態度，改變原有的態度，從而使自身的性格發生變化。

性格環境的外力改變，主要發生在重要的人生變故之後，比如家道中落、親人去世、重大意外打擊或者逆境中突遇機緣、天降洪福等。這些人生變故可以使一個原本外向活潑的人變成一個內向沉默少言的人，也可以使一個自卑悲觀的人成為一個自信樂觀的人。

性格自我調節的內力變化相對前者更加重要，從這個意義上說，人的性格可以是自己來決定的，這方面不乏例子，眾多逆境中成材、夢想成真者都可以說明。

因此，對自身的要求，對自己的督促，對社會、他人與自己關係的思考都有可能在不知不覺中改變著自己的性格。

從改變你的態度來改變你的性格，性格既然是由你來決定的，你就更要發揮自身的主觀能動性，讓你的個性、特性結合你先天的性格優勢充分發展完善，從而打造一個趨於完美的獨特的你。

人可以利用改變態度特徵來改變其他三個方面的性格特徵，更為重要的是，人可以透過自我調節來改變自己的性格，從這個意義上講，你的性格，你來決定！

充分把握性格與生俱來的特徵和後天環境造成的變化，才能準確地把握人的性格。

——阿德勒

換掉性格系統中的那塊短板

阿德勒說：「性格比人性、人格的概念更為廣泛，它既有天生的、遺傳的因素，也有後天的、社會的因素。我們只有準確地把握性格決定行為的規律，才能對性格與成敗的關係有深刻的瞭解。充分把握性格與生俱來的特徵和後天環境造成的變化，才能準確地把握人的性格。」在這裏，阿德勒提出了優化性格對人生的巨大作用。

生活告訴人們，人只能尋求近似的完美，而絕對找不到絕對的完美。在生活中的任何領域尋求完美，都不過是抽象的、病態的或無聊的幻想而已。可即便是這樣，也並不能使我們回絕完美性格的誘惑，這就使我們不能忽視性格「木桶」中最短的木板。因為，即使構成你的性格「木桶」的木板都比較長，但總有一塊相對較短的，發揮決定意義的就是那塊最短的木板。

奧賽羅的天性是高貴、勇敢、溫和、大方，但他的妒忌心和復仇心一旦燃燒起來，竟是那樣無法控制。他上了野心家伊阿古的當，殺死了無比純潔的妻子苔絲狄蒙娜，然而，當他意識到自己的罪惡時，又無比地悔恨，毫不推卸自己的責任，最後毅然地毀滅了自己，以生命來彌補他不可寬恕的過失。

奧賽羅與苔絲狄蒙娜之間有著偉大的愛，但最終卻因愛而毀滅了自己。假如奧賽羅是一個明察秋毫的英雄，當伊阿古誣衊他的妻子時，他馬上察覺到而且懲罰了這個壞蛋，就不會做出殺死妻子如此愚蠢的舉動了。

有致命缺陷的奧賽羅被莎翁賦予了靈魂和生氣，充滿了性格魅力。但在真實的人生中，假如性格裏有一塊類似於奧賽羅性格「木桶」中的短板，你的命運恐怕就不會那麼走運了。由此，無論如何，一定要換掉性格「木桶」中那塊短板。

要學會自我拯救性格。你掩住性格「木桶」那塊短板，不給人看，並不能使「木桶的水」增加，更不會消除那塊木板的致命隱患。因此，找到那塊短板，並把它堅決地替換掉，是你的必然選擇。

破譯性格系統的「木桶效應」，即使構成你的性格「木桶」的木板都比較長，但總有一塊是相對較短的，起決定意義的就是那塊最短的木板。換掉那塊木板，你就剷除了性格中最大的弱點，性格系統中最大的隱患將不復存在。

破譯性格系統的「木桶效應」，就要換掉最短的木板，就要剷除致命的缺陷。沒有明顯性格缺陷的你走在通往成功的路上，當然可以從從容容，不用瞻前顧後，畏首畏尾了。

第五章

阿德勒談困苦——敢於迎接人生的挑戰

阿德勒反對佛洛伊德的宿命論觀點，認為人的創造能力對人生起重要作用。在他看來，這個創造力，在遭遇坎坷時會體現出來。其實在這裏阿德勒提倡的是要敢於迎接人生的挑戰。阿德勒說：「只有經過親身的努力跨越了生活中遭遇的困境，才更能體會其中的樂趣。」

困難只是通向成功的路上一些必須經過的關卡。

——阿德勒

困難是通向成功的必經關卡

沒有一個人的人生是一帆風順的，每個人都是要經歷一番風雨，才能夠看見彩虹。誰的人生能只有坦途、沒有曲折呢？面對人生出現的種種問題，除了勇敢地承受別無他法，這是圓滿的人生必須要通過的關卡。阿德勒說：「只有經過親身的努力跨越了生活中遭遇的困境，才更能體會其中的樂趣。」的確，一個人也只有經過和同伴的同甘共苦，並肩努力之後，才能真正做到善待自己，善待他人，面對生活不再是消極遁世，而是對生活更充滿熱情地活在當下。

有一個農夫，一直在跟上帝祈禱，祈禱風調雨順，不要有大風雨，不要下雪，不要地震，不要乾旱，不要有冰雹，不要有蟲害，可是不論他怎麼祈禱，總是不能如願！他這樣連續祈禱了五十年，上帝有點不忍，只好告訴他：「我創造世界，也創造了風雨，創造了乾旱，創造了蝗蟲與鳥雀，我創造的是不能如人所願的世界。」可他還是不放棄，他請求上帝給他一年的時間，滿足他的請求。上帝只好無奈地答應了。

第二年，農夫的田地果然結出許多麥穗，由於沒有任何狂風暴雨、烈日與災害，麥穗比平常多了一倍，農夫興奮不已，歡喜地等待收成的那一天。

可到了收成的時刻，奇怪的事情發生了，農夫的麥穗裏竟然沒有結出一粒麥子。

農夫找到了上帝，問道：「仁慈的上帝，這是怎麼一回事，是不是有些地方搞錯了？」

上帝說：「我沒有搞錯任何事情，一旦避開了所有的考驗，麥子就變得無能了。對於一粒麥子，努力奮鬥是不可避免的，風雨是必要的，烈日是必要的，蝗蟲是必要的，它們可以喚醒麥子內在的靈魂。人的靈魂也和麥子的靈魂相同，如果沒有任何考驗，人也只是一個空殼罷了。」

農夫曾經因麥子收成不好就怨天公不作美，害蟲作祟，誰知當麥子沒有了其他一切阻力時卻無法結出果實。所以作為有生命的人們更不能怨天尤人，應該努力克服一切艱難險阻，真正做個掌握自己命運的人。

在人生的旅途中，如果一個人做事總是一帆風順，那麼他就會極易安於現狀，從而失去了鬥志；但當一個人遭受苦難之際，為了擺脫窘境，他會調動起全身心的潛在能力與其抗爭，從而有所成就。因此，人生才需要有苦相伴。

生活免不了讓我們遭受痛苦，但苦難是成功最好的激勵。

格林尼亞出生於有錢人家，從小生活奢侈，不務正業，人們都說他是個沒有出息的花花公子。在一次宴會上，格林尼亞有意靠近一位年輕貌美的姑娘。可是這位姑娘毫不留情地對他說：「請站遠點，我最討厭你這樣的花花公子擋住視線。」驕傲的格林尼亞有生以來，第一次遇到這樣的羞辱，頓時使他對自己產生了懷疑，喪失了自信。然而同時，這種令人無地自容的羞辱，彷彿重重的一拳，將昏睡不醒的他擊醒了。他從宴會上回來，給家人留下一封書信：「請不要探詢我的下落，容我去刻苦學習，我相信自己將來會做出一些成績的。」果不其然，八年後，他成了著名的化學家，時隔不久，又獲得了諾貝爾化學獎。後來格林尼亞收到一封信，信中只有一句話：「我永遠敬愛那些敢於戰勝自己的人。」寫信者正是那位美麗的姑娘。

格林尼亞當眾受辱有了壓力，他為了洗刷掉這些羞辱，變壓力為動力，促使自己去戰勝自我，後來終於用羞辱換得榮譽，實現了由紈綺子弟向偉大科學家的轉化，並從後來的成功中找到了自信。

很多人都免不了要面對苦難，但不同的人面對苦難的態度各有不同：有的人會自暴自棄，有的人會唉聲嘆氣，有的人會選擇逃避或死亡。記住，苦難並不可怕，只要你敢於直面苦難，你就能取得成功的人生。

事實就是這樣，不能忍受挫折和困難的人，只會是一個失敗者，而能忍受得住挫折、忍受得住失敗、忍受得住痛苦的人，往往是成功的人。成功者會把苦難看成磨練。他們把苦難當成激勵自己前進的原動力，他們在苦難中鼓起生活的勇氣，學會戰勝困難的方法，在苦難中磨練自己百折不撓的意志，使自己變得越來越堅強，進而達到勝利的彼岸。

在阿德勒看來，人生的苦難，是上帝贈予的禮物，只有經歷了苦難的折磨，才更能體會人生的珍貴。中國古人說：「天將降大任於斯人也，必先苦其心志，勞其筋骨，餓其體膚，空乏其身，行拂亂其所為，所以動心忍性，增益其所不能。」只有這樣的人生，才能真正體會「生於憂患，死於安樂」。

人生從來就沒有真正的絕境，不服輸的人才有希望。如果你始終在絕望的邊緣徘徊，請別放棄，再為自己加一加油，也許就是這最後的拚搏會給你帶來奇蹟。

——阿德勒

不服輸的人就會有希望

不服輸體現的是一種堅韌精神。這種精神讓生命充滿彈性和力量。不服輸是一個人在挫折和失敗面前的態度。一個人要是在輸了之後就不再為贏而努力的話，他就不可能有贏的可能。這是個很淺顯的道理。不服輸的價值就在於此。阿德勒這樣評價那些成功的人：「在成功之前，往往都遭遇過非常大的挫折，在外人看來，事情本應該放棄了，但他們卻在堅持，最後他們成功了。」

其實，人生的光榮不在永不失敗，而在於能夠屢敗屢戰。也就是說，成功的人不是從未失敗過，而是在失敗之後，甚至是多次失敗之後還能夠積極地往成功之路不斷邁進。他們跌倒了會再爬起來，有一種不服輸的精神，所以他們成功了。

希拉斯・菲爾德要從海底鋪設一條連接歐洲和美國的電纜。毫無疑問，電纜要穿過大西洋，這是一個十分浩大的工程。

鋪設工作開始了，但隨後卻遭遇了前所未有的困難。他用英國旗艦「阿伽門農」號和美國新造的豪華護衛艦「尼亞加拉」號來鋪設電纜，但是不成功，不是電纜被捲到機器裏面斷了，就是電纜裏沒有了電流。還有一次，輪船突然發生嚴重傾斜，差點翻了船。

大大小小的失敗數不勝數，這讓人們對從海底鋪設電纜產生了懷疑，但菲爾德依舊相信事情一定會成功。在一片反對聲中，他不僅訂購了七百英里的電纜和定製了新的鋪設機器，而且還聘請一位專家，重新制定鋪設計畫。

可是，電纜的鋪設工作依然不順利，依然是老問題，不是電纜斷了就是電纜裏沒有了電流。隨後，可怕的事情發生了，有些投資者不願再投資了。只有少數投資者看到菲爾德為此日夜操勞，因此可憐他，才決定再給他一個機會。

老天有眼，這次嘗試出人意料的順利，全部電纜鋪設完畢，沒有任何中斷，幾條消息也經由這條漫長的海底電纜發送了出去。可是好景不長，就在大家準備慶功的時候，電纜電流又突然中斷了。

這時候，除了菲爾德外，所有人都感到絕望。沒有人再給他投資了，但菲爾德仍然堅持，他又找到了新的投資人，可是，接下來迎接他的依然是失敗。所有的投資人都不願意再給機會了，於是，這項工作就此耽擱了下來。可失敗依然沒有難倒菲爾德，第二年，他組建了一個新的公司，重新找到了投資人，繼續從事這項工作。最終，他挺了過來。

一八六六年七月，光纜順利接通，菲爾德發出了世界上第一份橫跨大西洋的電報，內容是：「七月二十七日。我們晚上九點到達目的地，一切順利，感謝上帝！電纜都鋪好了，運行完全正常。希拉斯・菲爾德。」

希拉斯・菲爾德先生的經歷是充滿挫折的，但他的精神是可貴的，取得的成績是輝煌的。在我們一生中常會遇到或大或小的挫折，這一點誰都無法避免。在挫折面前，成功者一定不會被嚇倒，他們敢於直面挫折，把它當作是成功對自己的考驗，並堅強地繼續走下去。因此，挫折成為成功者可貴的財富，成為他們成功的墊腳石。在困難和挫折面前，是否具備百折不撓的毅力，在某種意義上，可以說是區別成功與失敗的標誌之一。

從心理自慰的角度講，無論你陷入什麼樣的艱難境地，都要想到：還有比這更不幸的，相比之下，我已經夠幸運了！總將自己置於幸運的基點上，會使你永遠保持積極的、向上的心態。而積極心態是成功的動力。

——阿德勒

不幸的開始能讓人幸運地成功

對於幸與不幸，阿德勒的看法是：「幸與不幸沒有標準，它只是一種心態——無論在什麼情況下，只要你覺得自己是幸運的，那麼你就是幸運的。反過來，遭受一點挫折，馬上大呼不幸，那也只能讓你感覺自己更加不幸。」這就是生活的哲學，的確，如果你把一點點的不幸置於顯微鏡下面，你甚至會被自己看到的一切嚇倒。不幸的感覺只能把你帶進絕望的深淵不可自拔。

一位將軍率船隊在海上航行，途中遇上了暴風雨。一名士兵因是第一次乘船，所以嚇得不停地狂喊亂喊，大哭不止，讓船上的人幾乎都受不了。因為這讓本來並不擔心的人們開始感到了恐懼。將軍氣惱地想下令把他關起來。

這時將軍身旁的一位校官說：「不要關他，讓我來處理。我想我可以使他馬上安靜下來。」校官隨即命令水手將那位士兵綁起來，丟入海中。那個可憐的傢伙一被丟下海，便手腳亂舞，狂呼救命。過了幾秒鐘，校官才叫人把他拉上船來。

回到船上後，說也奇怪，剛才歇斯底里大叫不停的士兵，靜靜地待在艦艙一角，半點聲音也沒有。

將軍好奇地問這個校官何以會如此？校官答說：「在情況轉變得更加惡劣之前，人們很難體會自身是多麼的幸運。」

這位校官是位高明的邏輯學家，在他的手中，幸運就像球拍，而不幸則是球——只有「幸運的球拍」才能將「不幸的球」狠狠抽打出去。

這種邏輯又像大海中一個落難的人：海難是不幸的，但懷中的救生圈卻讓他感到自己是多麼的幸運，至於漂到哪裡，甚至漂多久都不是問題，因為幸運永遠在他懷中——他不會因為方位、距離的變化而失去救生圈。所以即使遭遇海難，他也並不認為自己是不幸的，懷中的救生圈讓他相信自己一定會獲救。

另外，如將大海比做死亡或地獄，對於那位驚恐萬狀的士兵而言，他無疑是到「地獄」走了一遭——如此「大難不死」的經歷，讓他覺得這世界已沒什麼可怕的事了，覺得回到船上是無比幸運的。

一個敢於和死神微笑著「問候」的人，一定會把死神嚇跑。因為在死神的死亡名單上，這是一個不受歡迎的人。如果你經常與失敗這個魔鬼過招，還談何恐懼？

很多成功的人，在這方面可以說是我們學習的楷模。他們那種面對不幸坦然置之，甚至視之為人生財富的態度不禁讓我們肅然起敬。而阿德勒更為我們從辯證的角度辨析了幸運和不幸：幸運中隱藏著不幸，而不幸中往往會產生令人羨慕的幸運者。

古人有「禍兮，福之所倚；福兮，禍之所伏」的說法，正是此意。道理非常簡單：過多的幸運只會讓一個人意志逐漸薄弱，根本經不起不幸的打擊，一旦遭遇波折，只能怨天尤人。不幸對於幸運兒而言無疑是滅頂之災，無力抗拒。因為幸運兒習慣了幸運，在他們的生活中，只有一帆風順、心想事成，他們不認為這也是生活的一部分。他們就像溫室中的花朵，失去了抗擊風雨的能力。

而不幸對於那些經常遭受不幸折磨的人來說，是家常便飯，常吃這種「不幸飯」的人，意志力都是超強的。他們清楚地知道，人生不是風調雨順的，幸運只是偶爾光臨。

幸運是有限的，不幸卻是無限的。一個過早透支了幸運的人剩下的無疑是更多的不幸。這其中自有道理：因為你幾乎經不起不幸的打擊，一旦被擊倒，你這個沒經過不幸的「魔鬼訓練營」調教的人就很難爬起來。如此一來，更多的不幸就會劈頭蓋臉地砸下來。有時候，甚至在別人看來不過是個小小的溝坎，也會成為你的生活中難以逾越的高山。

奮鬥總是要繼續下去，只有懂得合作的人才會做出充滿希望以及貢獻更多的奮鬥。

——阿德勒

生命的真諦需要不滿足的精神

對於很多問題，我們總是只能找到暫時的答案，因為我們不能滿足於自己已有的成就，對生活問題的探索，我們永遠只能做到無限地接近而已。因為世界總是給我們展現出我們所不知的一面來提醒我們，生活的博大。任何陷入追尋這些問題最終答案的人，都只能以失敗告終。

阿德勒說：「我們所生活的這個世界上，沒有一成不變的環境與事物，每個人隨時隨地可能都需要轉換生活方式、生存環境、生存角色、生存意識。」的確，如果始終拘泥於一種思考方式、一個固定的位置和滿足於當下的生活狀態，那麼，他就會成為井底之蛙，看不到更廣闊的空間，得不到更長遠的發展。

在一次培訓課上，一位老師和他的學生們做了這樣一個互動。

老師首先在黑板上畫了一幅圖：一個人站在一個圓圈中間。接著，他在圓圈裏為這個人畫上了房子、一輛汽車和一些朋友。

老師問：「站在圓圈中間會讓你們覺得很舒服。這個圓圈裏面的東西對你們也是至關重要的，因為這裏有你的住房、你的家庭、你的朋友，還有你的工作。站在這個圓圈裏你會覺得自在、安全。現在，誰能告訴我，當你跨出這個圈子後，會發生什麼？」

教室裏頓時鴉雀無聲，一位學生打破沉默：「我會害怕。」

另一位說：「可能會出錯。」

這時，老師問：「當你害怕，或者是犯錯誤了，其結果是什麼呢？」

最初回答問題的那名學員大聲答道：「增加了我的膽量，從中會學到東西。」

老師說：「是的，你不再懼怕什麼了，你還會從錯誤中學到東西。當你離開『舒服區』以後，你會學到以前不知道的東西，你增長了見識，所以，當你跨出來以後，你就進步了。」

老師再次轉向黑板，在原來那個圈子之外畫了個更大的圓圈，還加上些新的東西，如更好的車子、更大的房子等。不言而喻，當一個人跨出的圈子越大，他收益的就越多。

「如果滿足於現有『溫床』，你就永遠無法擴大你的視野，永遠無法學到新的東西。只有當你跨出『溫床』這個舒服區以後，你才能使自己人生的圓圈變大，你才能把自己塑造成一個更優秀的人。」老師說道。

在這次培訓課上，老師意在告訴學生：人所生活工作的環境就是一個圓圈，在這個圓圈裏，因為熟悉和習慣，也因為擁有了一些東西，所以自己覺得這是個不錯的區域，樂在其中，很少有人願意離開這個區域，但如果不走出這個舒服區，人生的圓圈就只能那麼大，你得到的只會是那麼多，見識也就那麼少，只有勇敢地跨出自己的舒服區，才能拓展自己的視野，也才能得到更多的東西。

人生總要繼續，我們就要不斷地修正我們對人生的追求。

「吾生也有涯，而知也無涯，以有涯隨無涯，殆已。」這句話出自《莊子・養生主》，可謂完美地回答了我們要懷有不滿足的心態。我們要用有限的生命，去探究那無限的知識。這樣才能指導人類一代一代，更好地發展下去。

全體人類為了這個目標而共同努力，也許我們彼此之間並不認識，但是因為我們擁有同樣的目標，就能從我們的社會進步中體會到那種合作的快樂。正如阿德勒所說的那樣：「人生的種種，需要我們又一顆不滿足的心。」

一個成功的人總是善於挑戰自我，以期達到新的人生狀態。這種永不滿足的性格能夠激勵一個人不斷去拚搏，能讓一個人從弱者變成強者，從貧窮走向富裕，從失敗走向成功。

當下，社會競爭日趨劇烈，只有不斷提升自己，你才能有足夠的能力來應對社會的變化。如果你滿足現狀，不思進取，那麼，你不僅不能維持現狀，而且可能會使你在不遠的將來無法生存。所以，聰明的人往往不敢滿足現在，他們始終在勤奮努力，保持進取心。

在面對生活的問題時，沒有哪個人是註定要失敗的。

——阿德勒

生活中沒有註定的失敗者

生活中沒有人是註定要失敗的。就像海明威在《老人與海》中寫的：「一個人不是生來要給打敗的，你盡可以消滅他，可就是打不敗他。」面對人生的種種挑戰，人就應該具有一種堅強意志，遇到困難永不言敗，敢於直面困難並且勇於鬥爭！除非到了生命終止那天，否則我們就要頑強地和它鬥爭到底。因為阿德勒告訴我們，生活永遠充滿希望，也許那個機會就在下一個轉角。他說：「我們的生活總是充滿新的驚喜與挑戰，每當你跌到谷底覺得人生再也沒有任何機會時，總會有那麼一絲陽光透過重重阻隔，來到你的面前。」

許多歷經挫敗而最終成功的人，感受「熬不下去」的時候比任何人都要多。但是，他們總能樹立「成功就在下一次」的信念，並堅持到底。愛迪生說得好：「失敗者往往是那些不曉得自己已接觸到成功，就放棄嘗試的人。」

人生總會遇到關口，這時候，會感覺到加倍的軟弱和無力，認為自己不行了，便放棄，於是功虧一簣。

莎拉娜是一家出版社的著名編輯，對工作十分負責。有一次，她組織編輯了一本暢銷書，為了達到最好的發行效果，莎拉娜決心找人設計出最好的封面。

莎拉娜採取招標的方式，找了很多人設計封面。封面一個個拿上來，又一個個被她否定。按一般出版社的慣例，一本書的封面設計，有三到五個樣稿就可以做選擇了。但是莎拉娜這次格外精益求精，竟然選了十多個樣本。

她的這種做法，連最挑剔的同行都覺得過分了：不就一個封面嗎？為何這樣計較呢？她一共看了二十個樣本，都覺得不滿意，無法做出最後的選擇。這時離書籍出版的時間越來越近了，不能夠再等了。莎拉娜就對自己說：「看來只能放棄了，就從這二十個中選一個吧。」

但是，這時心中有個聲音告訴她：即使有這麼多的封面，可是真正需要的還是沒有找到。不能放棄！於是，莎拉娜決定再堅持一次！

當第二十一個封面出現在她面前的時候，她喜出望外——不錯，就是它！果然，這本書有了這個封面，宛如錦上添花，很快暢銷全國。

事後，莎拉娜感慨地說：「不管做任何事情，最關鍵的是不要輕易放棄——越想放棄的時候越不能夠放棄。當你覺得再也無法突破的時候，你一定要逼迫自己更向前走一步，成功就在下一次！」

一些人之所以沒能成功，並非沒有努力，而是在遭遇到困難之後，在快成功的前夕，他們放棄努力了。而最後成功的人，總是抱著「成功就在下一次」的信念，繼續努力，最終柳暗花明。

人和竹子一樣，往往也是「一節一節成長」：每過一道「坎」時，都充滿顫抖般的戰慄和緊張感，你會深深地感到那種自我失去保護的痛苦，那種類似母親分娩的痛苦，你必須將力量集中到一點上來，闖得過去就意味著你上了一個臺階，闖不過去，就意味著成長的失敗。

因此，「關鍵」時刻，往往是生命的緊張和痛苦彙集到一起的時候，你必然會比平時加倍感到難受，但這是好事。如果缺少生命顫抖般的戰慄和掙扎感，那就意味著你還沒有觸及成長的關鍵點，最終難以有所成就。所以，你要勇於承擔那種「建設性的痛苦」。

一九四八年，牛津大學舉辦了一個「成功秘訣」講座，邀請邱吉爾前來演講。當時，他剛剛帶領英國人贏得了反法西斯戰爭的勝利。他是在英國人最絕望的時期上任的，贏得了這樣的勝利，他此時的聲譽已經登峰造極。

新聞媒體早在三個月前就開始炒作，大家對他翹首以盼。這一天終於到來了，會場上人山人海，人們都準備洗耳恭聽這位偉人的成功秘訣。

不料，邱吉爾的演講只有短短的幾句話：「我成功的秘訣有三個：第一是，決不放棄；第二是，決不、決不放棄；第三是，決不、決不、決不能放棄！我的講演結束了。」

說完就走下了講臺。會場上鴉雀無聲。一分鐘後，會場上爆發出了雷鳴般的掌聲……

不要抱怨播下去的種子不發芽，只要你精心呵護，總會有收穫的一天。在你最想放棄的時候，恰恰是你最不能放棄的時候！請記住這樣一句名言：博奕最大的障礙，就在於放棄。人生就像爬階梯一樣，必須一步一階，絲毫取巧不得；只要一步一階，終必到達山頂。

即使是對於最富於合作精神的人，生活也會不斷提出問題，沒有人會認為自己已經處於實現了出類拔萃、完全主宰環境的最終境界。

——阿德勒

執著是打破人生堡壘的力量

阿德勒在《生命對你意味著什麼》指出：「人天生就有一種難以擺脫的惰性，所以在做什麼事時常常會淺嘗輒止、半途而廢。當他在前進的道路上遇到障礙和挫折時，便會灰心喪氣和畏縮不前。」阿德勒指出這是人性中的一個弱點。的確，大多數人都願意走平坦的下坡路，而不喜歡艱難的上坡路。這也是人常常見了困難就繞著走的原因。

許多人之所以沒有收穫，主要原因就是在最需要下大力氣、花大工夫、毫不懈怠地堅持下去時，他卻停止了努力，千里之行，棄於腳下，成功從此與他無緣了。

亨利・畢克斯特恩出生在威斯特麥蘭郡的克拜倫德爾地區，父親是一個小有名氣的外科醫生。亨利一開始並沒有什麼特別打算，只是準備繼承父業。在愛丁堡求學期間，他對醫學研究專心致志，從不動搖，周圍的人都很佩服他的堅韌刻苦。後來他回到家鄉順理成章地從事醫生這一職業。

隨著時間的變化，他對這門職業漸漸地失去了興趣，對眼前小鎮的閉塞與落後也日益不滿。這時，他對生理學發生了興趣，並有了自己的思考，十分渴望進一步提升自己。

父親完全贊成亨利本人的願望，於是把他送到了劍橋大學，讓他在這個世界聞名的大學進一步深造。不幸的是，過分地用功嚴重地損害了他的身體。為了恢復健康，作為一個醫生，他接受了一項職務——去活德奧克斯福德當一位旅行醫生。在此期間，他掌握了義大利語，並對義大利文學產生了濃厚的興趣，對醫學的興趣反而越來越淡。很快，他就堅決地放棄了醫學，決心攻讀其他學科的學位。經過一段時間的努力，他成為當年劍橋大學數學學位考試一等及格者。

畢業之後，他未能如願進入軍界，只得進入律師界。但作為一位剛剛畢業的學生，他進了內殿法學協會，拿出以往學習的精神，刻苦地鑽研法律。他在給他父親的信中寫道：「每一個人都對我說：『你一定會成功——以你這非凡的毅力。』儘管我不明白將來會是什麼樣子，但有一點我敢相信：只要我用心去做一件事，我是決不會失敗的。」

二十八歲那年，他被招聘進入律師界，但生活的道路要靠自己去開闢。當時他經濟十分拮据，主要靠朋友們的援助過日子。他潛心研究和等待了多年，但還是沒有生意。日子一天比一天難熬，他不得不在各方面省吃儉用，不要說娛樂，就是連最必需的衣服、食物他都已緊縮到不能再緊縮的地步。他寫信給家裏，承認他自己也不知道還能再堅持多久，他自己都懷疑能否等到開業的機會。

三年時間一晃而過，他苦苦地等待仍然沒有結果。「律師這碗飯不是那麼好吃的」，他寫信告訴自己的朋友們，他再也不能成為別人的負擔了。他想放棄這裏的一切回到劍橋，在那裏他相信自己能找到謀生的辦法。家人和朋友給他寄來了一小筆匯款，鼓勵他不要灰心。亨利又挺了一段日子，生意終於慢慢來了。他在辦一些小案子時表現很好，很守信用，於是他的工作漸漸有了起色。人們開始把一些大宗案子交給他辦。

亨利是一個從不放過任何機會的人，當然，他也從不放過任何一個提高自己的機會。他數年的孜孜追求終於迎來了豐收的一天。幾年之後，他不僅不需要家裏的幫助，而且可以還一些舊債。烏雲終於散去，好運光臨頭頂。亨利・畢克斯特恩的大名意味著榮譽、財富和才華。他終於成了一位聲名顯赫的主事官，以藍格德爾貴族的身分坐在上議院之中。

世界上沒有不通的路。條條道路通羅馬，無論你往東走，還是往西行，只要堅持走下去，都可以達到目的。但是，很多人會問：「走到懸崖絕壁怎麼辦？」其實，即使走到懸崖絕壁，也沒有什麼了不起。既然有崖，必定有谷，懸崖絕壁擋住了路，迂迴一下總還是可以過去的。許多人做什麼事，起初都能夠付諸行動，但是，隨著時間的推移、難度的增加以及氣力的耗費，大多數人便從思想上開始產生鬆勁和畏難情緒，接著便停滯不前以致退避三舍，最後放棄了努力。

阿德勒指出：「我們承認在許多方面，人類都是地球上最弱小的生物之一。我們沒有老虎和獅子的力量，更沒有豹子的迅猛，許多動物都比我們更適宜於單獨面對各種困難。我們每個人都是從最稚嫩最弱小的生物（即兒童）走過來的，不同於生物界的大多數動物，人類在生命最初的時期如果沒有堅持之心是不可能生存下來的，那就更不用提發展了。」換句話說，他是在告訴我們：人會不會成功，關鍵就是看在困難面前能不能堅持，堅持下去就是勝利，半途而廢則前功盡棄。那些具有非凡毅力、頑強意志的人，憑著自己不屈不撓的執著追求，一定會開創出屬於自己的成功之路。

珍惜苦難帶給你的收穫，不要在遭遇苦難的時候吹噓自己的勇敢，不要以為苦難的收穫觸手可及，只要當你真正戰勝苦難獲得成功的時候，你才真正是把收穫握在手裏。

——阿德勒

挫折是社會賦予的獨特禮物

阿德勒說：「人生活在社會之中，每天都要面對來自不同人，不同事物所帶來的刺激。這些刺激有令人開心的，當然也有令人失望的。然而無論有利與否，它都是我們人生發展中寶貴的財富。因為那是社會賦予你個人的獨特的禮物。」

世界上沒有一條路是重複的，也沒有誰的人生是可以替代的。在追求夢想的道路上，任何一次苦難都是唯一的，它不會給你致命的打擊，只會給你無窮的動力，只要你善於在苦難中找尋收穫，在苦難中，找到屬於你的方向，而千萬別讓苦難戰勝了你！

在一次聚會上，艾頓向他的朋友回憶起他的過去，這其中有後來成為英國首相的邱吉爾。艾頓說他出生在一個偏遠小鎮，父母早逝，是姐姐幫他洗衣服、做家務，辛苦掙錢將他撫育成人。可是當姐姐出嫁後，姐夫便將他攆到舅舅家，舅媽很刻薄，在他讀書時，規定每天只能吃一頓飯，還得收拾馬廄和剪草坪。剛當學徒時，他根本租不起房子，有將近一年多時間是躲在郊外一處廢舊的倉庫裏睡覺……

邱吉爾驚訝地問：「以前怎麼沒聽你說過這些呢？」

艾頓笑道：「有什麼好說的呢？正在受苦或正在擺脫受苦的人，是沒有權利訴苦的。」

邱吉爾心頭一顫，這位曾經在生活中失意、痛苦了很久的汽車商又說：「苦難變成財富是有條件的，這個條件就是，你戰勝了苦難並遠離苦難不再受苦。只有在這時，苦難才是你值得驕傲的一筆人生財富。」

艾頓的一席話，使邱吉爾重新修訂了他「熱愛苦難」的信條。他在自傳中這樣寫道：苦難是財富，還是屈辱？當你戰勝了苦難時，它就是你的財富；可當苦難戰勝了你時，它就是你的屈辱。

任何人的一生都不可能是一帆風順的，只有經得起苦難考驗的人生才是有價值有意義的人生。在經受苦難的過程中，如果你還沒擺脫苦難的糾纏，請別說你正在享受苦難，這在別人看來，無異於請求廉價的憐憫甚至乞討；也別說正在苦難中鍛鍊堅韌的品質，別人只會覺得你是在玩精神勝利、自我麻醉！

每一份苦難，都可以是一種收穫，可如果你無法戰勝它，那麼你永遠沒有權利說你在苦難中收穫了什麼，這在別人眼裏，只不過是你在為自己面對困難時的逃避找的一個藉口！善待苦難，正視苦難，只有你擁有了承受苦難的意志，你才有可能真正地戰勝苦難，享受苦難給你帶來的收穫。所以阿德勒在《理解人性》中說：「珍惜苦難帶給你的收穫，不要在遭遇苦難的時候吹噓自己的勇敢，不要以為苦難的收穫觸手可及，只要當你真正戰勝苦難獲得成功的時候，你才是把收穫攥在手裏。」

生活中有太多可以嘗試的事，只是我們不一定能全部經歷。生命中有太多要學習的事，只是我們不一定能全部學習。因為，生活的最大樂趣，就是能經歷失敗的痛苦與成功的喜悅，這些才是生命的真正意義，也是你我活著的重要目的。

靈魂的發展以感知為基礎，並與活動的必要性密切相關。靈魂對於生活問題的獨特反應將在靈魂中留下痕跡。

透過記憶和評估的功能，人們可以對這些或好或壞的經歷加以分析，然後就猶如電腦存檔，將其存入大腦中，當下次面對同樣的困惑時就能更好地面對與解決。當然這是在人們能夠清楚的面對這些經歷給人們帶來的重要作用的基礎上的。

生活中有很多人並沒有辦法清楚地認識到我們每天所面對的不同刺激所擁有的價值。他們只讓其隨風而逝，或者沉浸其中。只看到了這些刺激與經歷對現實自我的影響，卻不知道它們只是人生長河中的一滴。因此每天面對這些不同的事物，只有理智的對其進行歸納、整理，才能使我們的靈魂獲得最大的發展。

一個成功的博奕需要給予，但是機遇不是別人給的，而是自己創造的。精明的頭腦不僅可以創造機遇，還可以將不利因素轉變為有利因素。

——阿德勒

營造一個創造型人生

阿德勒說：「一個人一生會碰到很多困難的事情，或者是退讓，或者是挺進，這兩種不同的選擇自然導致不同的結果。有些人則有一股韌勁，對待自己認定的事，大膽而果敢地去做下去，這叫氣魄。」

當下人很多時候缺少這份氣魄。敢於大膽去做的人常說，「我總有機會」，而失敗的人藉口是，「我沒有機會」！失敗者常常說，他們之所以失敗是因為缺少機會，是因為沒有成功者垂青，好位置就只好讓別人捷足先登，等不到他去競爭。

可是有眼力的人決不會找這樣的藉口，他們不等待機會，也不向親友們哀求，而是靠自己的努力去創造機會。他們深知，唯有自己才能給自己創造機會。

某一次戰鬥勝利後，有人問亞歷山大，是否等待機會來臨，再去進攻另一個城市。亞歷山大聽了這話，竟大發雷霆，他說：「機會？機會是要靠我們自己創造出來的。」創造機會，便是亞歷山大之所以偉大的原因。

因為，唯有去創造機會的人，才能建立轟轟烈烈的豐功偉績。

有不少人認為，機會是打開成功大門的鑰匙，一旦有了機會，便能穩操勝券，走向成功，但事實並非如此。無論做什麼事情，就是有了機會，也需要不懈的努力，這樣才有成功的希望：堅持不一定成功，放棄一定是失敗！

所以阿德勒說：「上帝對待每個人其實都是很公平的，不會唯獨對某個人不好或者對某個人好，可為什麼總是有一些人埋怨上天不眷顧他呢？道理很簡單，就是當機會來臨的時候，很多人總是以為那不是自己的，猶豫了，退縮了，結果與成功失之交臂，一輩子都是平平淡淡，沒有什麼驚心動魄。」

在阿德勒的哲學裏，如果一個人做一件事情，總要等待機會，那是極危險的，一切努力和熱望，都可能因等待機會而付諸東流，而機會最終也是不可得的。

有位馬車夫趕著裝滿貨物的馬車在泥濘的道路上艱難地前進，忽然，馬車的兩個後輪陷入爛泥中，不管車夫怎樣鞭打馬兒，馬車依然紋絲不動。

車夫陷入了悲觀當中。他無助地看著四周，心想：真希望有個人來幫幫我。想著想著，車夫想起了神話傳說中的大力士海格力斯。

他喃喃地說：「海格力斯，求求你，請幫幫我吧。」

這個車夫就這樣呆坐在地上，什麼事情也不做，只是不斷地對上天說：「海格力斯，請幫幫我吧，請幫幫我吧！」

過了很久，一陣狂風吹來，海格力斯居然真的出現在車夫面前，車夫驚喜地說：「啊，你終於來了。」一邊說著，一邊等著海格力斯來幫助他。

但是，大力士卻氣憤地警告車夫：「站起來，你這個懶惰的傢伙！你自己把車輪頂到肩膀上去吧。然後，你再努力往前走，那麼我才願意幫助你。可是如果你連一根指頭都不肯動一動，只會坐在這裏等，你就別指望我真的來幫助你。」

想想故事裏的車夫，你是不是覺得他很可笑？可是我們也會在不知不覺中犯下和他同樣的錯誤。在陷入困境的時候我們只會呼天搶地，期望著生命中的貴人會突然出現在我們面前，牽引我們向前走。可是，如果你自己都不願意主動積極地面對生命中那些不可避免的困境，就算有人伸出手拉你一把，你也一樣脫離不了困頓的日子。

機遇對每個人都是公平的。當機會來臨的時候需要我們主動地伸出手去；當困境不期而至的時候需要我們積極地迎接它的挑戰，並用自己的智慧和勇氣去戰勝它！困境是個欺軟怕硬的東西，你強了它就弱了；你弱了它反而強了。所以，任何時候都不要坐以待斃，去博奕一把，這樣就能改變自己的命運！

我們不敢絕對地說，守正不阿、有所不為的人一定能立即得到成功，但是我們卻可以斷言，這能使他的勇氣保持不懈，不失自尊。

——阿德勒

有勇氣的人永遠不失自尊

什麼樣的人一定能夠取得成功？阿德勒的答案是：「這是每個人都想知道卻永遠也得不到答案的問題，因為正如沒有人註定是失敗的一樣，也沒有人一定能成功。但是我們卻知道什麼樣的人最有可能取得成功，那就是充滿勇氣的人。」在今天看來，那些充滿勇氣的人，敢於直視人生中的所有問題，守正不阿，不甘屈服，有所不為。

很多人總在將就湊合中生活，面對越來越多的不順，只會去自怨自艾。既然我們什麼都沒有，而又渴望有更美好的人生，那還顧忌什麼呢？拿出勇氣，放手一搏！失敗了，你還是過著最差生活的你；而成功了，你就改變了自己的命運。

一口枯井裏住著三隻蛤蟆，一大兩小。井裏只剩一灘污水，還有偶然闖入井裏的飛蟲，只有這些讓它們維持著生命。最可憐的是兩隻小蛤蟆，不僅日子窮苦，而且還時常受大蛤蟆的欺負。

一天，兩隻小蛤蟆又遭到了大蛤蟆的欺負。一隻小蛤蟆對另一隻小蛤蟆說：「我們得離開這兒，不然，我們永遠沒有出頭之日。」

另一隻小蛤蟆說：「兄弟呀，我也知道這兒的日子不好過，但水還是夠用的，偶爾還有飛蟲進來，雖然我們經常受欺負，但至少還可以活命呀。」

「不，我想離開這兒！」小蛤蟆說。

「別妄想了，知道外面的世界是個什麼樣子嗎？說不定還不如這兒呢！再說，你唯一可以出去的辦法，就是跳到人類的打水桶裏。人類把你捉住，還不知道會對你怎麼樣呢！」另一隻小蛤蟆說。

小蛤蟆沒有說話。

一天，一位農夫從井裏打水澆地，小蛤蟆毅然跳到放進井裏的打水桶裏。善良的農夫沒有為難這隻可愛的小蛤蟆，將它放到了田野裏。

田野裏風光無限，小蛤蟆過著快樂的生活，而留在井裏的那隻小蛤蟆，依然守著一灘污水，繼續過著食不果腹、飽受欺辱的日子。

有些人的境遇就像那兩隻小蛤蟆，但當一些人在抱怨時乖運蹇、感到猶豫彷徨之時，另一些人已經開始振作精神、放手一搏。於是，前一類人繼續過著毫無生氣的生活，後一類人卻成了最大的贏家。一個循規蹈矩、安分守己的人，絕對不會為冒險付出任何代價。不敢走出去的人，永遠不會去想另闢蹊徑，單獨開闢一條道路。

美國南北戰爭前，時局動盪不安，各種令人不安的消息不斷傳出。人們都在忙著安排自己的相關事宜，包括家庭和財產。

這時，洛克菲勒卻沒有宅在家裏數錢，而是利用自己的全部智慧在思考如何從戰爭中獲取附加利益。他想：戰爭會使食品和其他資源變得匱乏，會使得交通中斷，使得商品市場的價格急劇波動。他想：這不是金光燦爛的「黃金屋」嗎？走進去，一定能滿載而歸！

那時候，洛克菲勒僅有一家四千美元的經紀公司，他決定豁出一切去拚一下。在沒有任何抵押的情況下，洛克菲勒用他的設想打動了一家銀行的總裁，籌到了一筆資金。然後，他便開始了走南闖北的生意之路。一切都如他預想的那樣，第四年，他的經紀公司的利潤已經高達一萬多美元，是預付資產的四倍。在第一筆生意結帳後不到半月，南北戰爭就爆發了，緊接著，農產品價格又上升了好幾倍。洛克菲勒所有的儲備都為他帶來了巨額利潤，他的財富就像雪球一樣越滾越大。

經過了這件事，洛克菲勒記住了一個秘訣：成功的關鍵在於敢於投身進去拚搏闖蕩。有人說：「趁著年輕出去闖一闖、拚一拚吧，世界上最悲慘的事情莫過於人總安於現狀地宅在家裏不思進取。」滿足於平庸生活的人是可悲的，當一個人滿足於現有的生活時，他已經開始退化了。敢於闖蕩的人總會發現一些新的東西，或者說創造一些新的東西，並且他們總能想到別人想不到的地方。敢為天下先，這是成功的必要條件。

面對社會的紛繁變化，重重困難，有的人感嘆自己的能力有限，而後失去勇往直前的勇氣，向困難低頭，而另一些人卻做出了不一樣的選擇，他們正如阿德勒所說：「那些能夠鼓足勇氣面對的人，卻會衝破重重阻撓，戰勝困難，自然就不用在困難面前低下高貴的頭，並戰勝它，他們永遠不會失去自尊。」

第六章

阿德勒談交際——不為人際關係而煩惱

阿德勒認為，忽視社會和他人的需要，會產生「自尊情結」，從而使人變得「缺乏社會興趣」、妄自尊大起來。這個觀點被後來的學者認為是阿德勒「社交學」。所謂的「自尊情結」和「缺乏社會興趣」，就是疏遠他人，疏遠社會。當然，阿德勒認為這是不可取的，認為人與人之間一定要建立和睦和諧的關係，注意彌合人與人之間的距離。

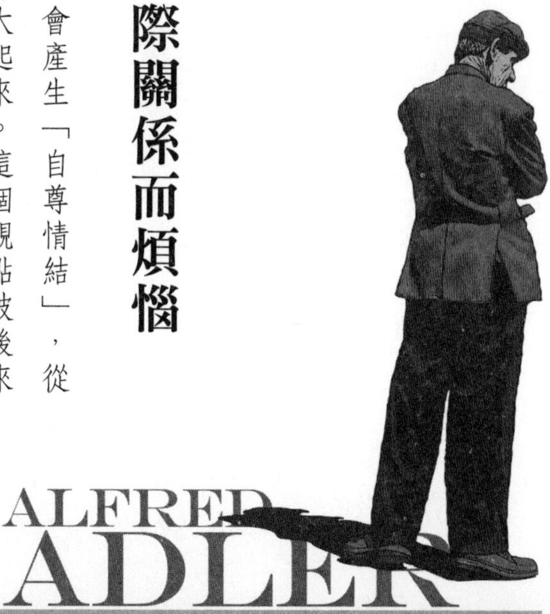

人類最古老的願望之一就是彼此之間締結友誼。

——阿德勒

締結友誼是人類最古老的願望

阿德勒這樣評價友誼：「一個人要獲得真正的友誼，並非是一件容易的事。它需要雙方都以真誠、不功利的心去對待。有的人今天想要友誼時對他人就好得不得了，明天不想要友誼時則冷若冰霜；有的人需要幫助時才想到朋友的重要，不需要時，則特別怕麻煩，甚至懶得搭理他人，這樣的人很難獲得真正的友誼。」

中國人對友誼有很多經典的見解。

孔聖人說：獨學而無友，則孤陋而寡聞。那麼什麼是友誼？梁實秋在他的《談友誼》一文中給我們提供了一個答案：「所謂友誼實即人與人之間的一種良好的關係，其中包括瞭解、欣賞、信任、容忍、犧牲……諸多美德。如果以友誼作一基礎，則其他的各種關係如父子夫婦兄弟之類均可圓滿地建立起來。」

中國人很早就認為，真正的友誼不能從個人的私利出發，帶有功利心締結的友誼是不能長久的。就如古人說以勢交者，勢盡則疏；以利交者，利盡則散。這也就解釋了人們為什麼對青少年時代建立起來的友誼最珍惜，因為那時的人們最純潔、最真誠、最無私、最沒有利己心。

無論是西方人還是東方人，都對友誼滿懷憧憬，這也從另一個角度表明，阿德勒哲學裏的一個真諦：締結友誼是人類最古老的願望。

西班牙著名畫家畢卡索逝世後，有關他的傳記和回憶錄出了許多，不少書說他專橫、愛財、自私，甚至把他描寫成「魔鬼」、「虐待狂」。然而，巴黎畢卡索博物館最近展出了理髮師厄熱尼奧・阿里亞斯的一些私人資料，呈現給觀眾的卻是另外一個畢卡索。這位九十五歲的老人與畢卡索的友誼持續了三十年，他至今珍藏著對這位大師的美好回憶。

阿里亞斯是畢卡索家裏的常客。在畢卡索的畫室裏，阿里亞斯為他剪頭髮、刮鬍子，所有這些都是在極其融洽的氣氛中進行的，兩人總有說不完的話。一天，畢卡索發現阿里亞斯徒步而來，就送給他一輛小轎車。

阿里亞斯是畫家名譽的堅定捍衛者，誰說畢卡索的壞話他就跟誰吵架。阿里亞斯回憶說，畢卡索來店裏理髮，其他顧客都起身對他說：「大師，你先理。」但畢卡索從來不願享受這種特殊待遇。

阿里亞斯認為畢卡索非常慷慨。有一次，當他聽到有人說畢卡索是「吝嗇鬼」時，他怒不可遏，當即反駁說：「對一個你並不熟悉的故人進行這種攻擊是幼稚和卑鄙的，畢卡索一生都在奉獻和給予。」隨後，阿里亞斯舉了許多例子。「畢卡索的大型油畫《戰爭與和平》是為瓦洛里的小教堂創作的，他還捐獻了一件雕塑作品，是他為我們的城市添了生機。」阿里亞斯說，畢卡索一共送給他五十多幅作品，其中包括一幅妻子雅克琳的肖像畫。理髮師將這些畫都捐給了西班牙政府，並在家鄉布伊特拉戈建了一個博物館。博物館中還陳列了一個放理髮工具的盒子，上面有畢卡索烙的一幅《鬥牛圖》和「贈給我的朋友阿里亞斯」的親筆題詞。一位日本收藏家曾想購買這個盒子，他給了阿里亞斯一張空白銀行支票，說數目他隨便填。可收藏家沒想到，他竟遭到了理髮師的拒絕。阿里亞斯說：「不論你用多少錢，都無法買走我對畢卡索的友情和尊敬。」

難以想像，一個性格怪異的藝術大師，居然能和一個理髮師締結友誼。理髮師和畢卡索之間的友誼，正印證了阿德勒曾經說過的一句話：「友誼的基礎在於兩個人的心腸和靈魂有著最大的相似。」

真正的友誼要忠實、要真誠、要赤誠。既是朋友，就要彼此信任，就要誠懇老實，就要襟懷坦白，就要推心置腹。甚至有種觀點：只有諍友才能稱之為真正的朋友。因為他敢於冒和你翻臉的危險去指出你的缺點，卻只為了讓你更優秀，而於他自己毫無利益可言。

當一個人對友誼抱持認真、投人、熱誠、參與的態度，就會收穫真正的友誼，就如俄國詩人普希金所說：「不論是多情的詩句，漂亮的文章，不論是閒暇的歡樂，什麼都不能代替無比親密的友情。」得不到友誼的人是世界上最孤獨的可憐人。

友誼是一個可愛而又挑剔的孩子，如果你怠慢了他，他很快就會從你的身邊溜走。友誼是需要呵護的。

——阿德勒

用一生去呵護你的友誼

朋友之間，無論遇到什麼困難，甚至是在生死之間，但只要有一份忠誠，朋友就會讓我們充滿力量。有這樣朋友的陪伴，任何困難我們都有勇氣去征服它！

薩克雷高燒不退。檢查後發現胸部有一個拳頭大小的陰影，醫生懷疑是腫瘤。

同事們紛紛去醫院探視。回來的人說：「有一個女的，名叫德麗絲，特地從紐約趕到加州來看薩克雷，不知是薩克雷的什麼人。」又有人說：「那個叫德麗絲的可真夠意思，一天到晚守在薩克雷的病床前，餵水、餵藥端便盆，看樣子跟薩克雷可不是一般關係呀。」

就這樣，去醫院探視的人幾乎每天都能帶來一些關於德麗絲的花絮，不是說她頭碰頭給薩克雷試體溫，就是說她背著人默默流淚，更有人講了一件令人不可思議的奇事，說薩克雷和德麗絲一人拿著一把叉子敲飯盒玩。德麗絲敲幾下，薩克雷就敲幾下，敲著敲著，兩個人就神經兮兮地又哭又笑。心細的人還發現，對於德麗絲和薩克雷之間所發生的一切，薩克雷的妻子居然沒有表現出一絲一毫的醋意。於是，就有人毫不掩飾地豔羨起薩克雷的豔福來。

十幾天後，薩克雷的病得到了確診，腫瘤的說法被排除。不久，薩克雷病癒後就喜氣洋洋地回來上班了。有人問起了德麗絲的事。

薩克雷說：「德麗絲是我以前的鄰居。大地震的時候，德麗絲被埋在了廢墟下面，大塊的樓板在上面一層層壓著，德麗絲在下面哭。鄰居們找來木棒鐵棍撬開樓板，可說什麼也撬不動，就說等著用吊車吊吧。德麗絲在下面哭得嗓子都啞了——她很害怕，她父母的屍體就在她的身邊。

「天黑了，人們紛紛謠傳大廈要塌陷了，於是就都搶著離開現場。只有我沒動。我家就我一個人活著出來了，我把德麗絲看成了可依靠的人，就像德麗絲依靠我一樣。我對著樓板的空隙向下面喊：『德麗絲，天黑了，我在上面跟你做伴，你不要怕呀……現在，咱倆一人找一塊磚頭，你在下面敲，我在上面敲，你敲幾下，我就敲幾下——好，開始吧。』她敲一下，我便也敲一下，她敲了幾下，我便也敲了幾下……漸漸地，下面的聲音弱了，斷了，我也迷迷糊糊地睡去。

「不知過了多長時間，下面的敲擊聲又突然響起，我慌忙撿起一塊磚頭，回應著那個聲音。德麗絲顫顫地喊著我的名字，激動得哭起來。第二天，吊車來了，德麗絲得救了——那一年，德麗絲十一歲，我十九歲。」

女同事們鼻子有些酸，男同事們一聲不吭地抽著菸，在這一份純潔濃厚的生死情誼面前，大家都為之前的無端揣測深感汗顏，也就在這短短一瞬間，大家倏然明瞭：忠誠讓友誼變得更深厚。

在《阿德勒的智慧》中有這樣一句話：「假如一個人獨自進入宇宙，看到了宇宙中光怪陸離的神奇現象，看到了群星的燦爛光輝，但是他並不會因此而感到快樂，他必須找到一個人向他描述自己看到的奇觀，唯有如此，他才能獲得快樂。」是呀，如果一個人沒有傾訴的對象，他又如何能進行感情的交流呢？

在阿德勒看來，我們都是宇宙中孤獨的孩子，在尋找著自己的夥伴。我們大部分人是幸運的，因為我們總能找到自己的夥伴。也正因如此，很多人對於友誼並不那麼在乎，他們內心深處隱約閃現著這樣的想法：「我總是能找到朋友的。」

麗莎是一個活潑開朗的女孩，她總是能用自己的幽默逗得周圍的人哈哈大笑，即使對於不熟悉的人也能保持熱情，因此，大家覺得麗莎是一個不錯的交友對象。然而，麗莎身邊的人卻發現這樣一個現象：儘管麗莎活潑開朗、平易近人，但是麗莎並沒有一個知心的朋友。

麗莎並不是沒有朋友，只是她不懂得如何維持友誼，所以她的朋友一個個離她而去。原來，麗莎有一個致命的缺點，就是自私自利、表裏不一。她的一個朋友氣憤地說，麗莎曾經瞞著她跟她的男朋友偷偷約會；另一個朋友則說，麗莎看起來樂於助人，其實事到臨頭，她總是首先考慮自己的利益；還有人說，麗莎總是喜歡背後說人壞話，這樣的人怎麼能做朋友呢？

就這樣，麗莎總是不斷失去自己的朋友。

不容置疑，麗莎的性格適於結交朋友。她也曾經擁有很多朋友，可是她並沒有將友誼放在心頭，而是將自己放在心上。她還沒有領悟到，當我們擁有朋友的時候，我們還要懂得如何呵護。或許，你會說，既然友誼是如此脆弱，那麼我就致力於發展基於信念的友誼吧。但再怎樣牢固的友誼，也是需要呵護的。

當兩個人成為朋友時，我們往往便放鬆了之前的矜持。這樣的心態很容易破壞彼此之間的友誼。因為，一旦你放鬆了自己的矜持，你就可能會出言不遜，不顧及對方的尊嚴。如果你無意之間損害了對方的尊嚴，那麼對方很可能以後對你敬而遠之。所以，即使彼此已經非常熟悉，也要時刻注意維護對方的自尊。

朋友之間即便親密無間，但是還是要分清彼此，不要隨便使用對方的東西，尤其是未經對方的同意。對於一些私人的物品，比如刮鬍刀、香皂等更是不要隨便使用。此外，對於朋友的物品，要像對待自己的物品一樣用心保管，這樣才能贏得朋友的信任。

一定要兌現朋友之間的承諾，切不可言而無信。對於自己不能做到的事情，不要盲目地答應，也不要因為不好意思而不願張口拒絕。對於這種情況，要在第一時間向朋友坦承自己無能為力，不要耽誤朋友的時間。

當你需要朋友的幫助時，不要逼迫他們伸出援手。你要適時地站在朋友的位置上，考慮朋友的難處。對於朋友的幫助，你要真心地感謝；如果朋友拒絕幫助，你也不要耿耿於懷，要懂得體諒朋友的難處。

朋友之間的付出應該是無私的，不圖回報的。如果你每次付出之後，都要朋友做出相應的回應，那麼，你的朋友以後便不會再請你幫忙，你們之間的友情也會因此而慢慢變得淡薄。

朋友之間如果能以誠相待，有效地呵護友誼，那麼友誼必定地久天長。

充分地理解朋友是絕對必要的，這是社會關係的基礎。

——阿德勒

充分理解朋友是社會關係的基礎

阿德勒說：「我們從童年伊始就很少與人性發生聯繫，家庭隔離了我們。我們的整個生活方式也抑制了我們與同伴之間那種必需的、親密的接觸，而這種接觸對發展人性的科學和藝術是非常重要的。」我們發現，由於我們與同伴之間缺乏足夠的接觸，我們就本能地與同伴成為敵人。我們對待他們的行為常常是錯誤的，我們的行為也往往是錯誤的，而這一切都是因為我們不能充分地理解人性。

一個反覆被人們提到的事實是：人們天天碰面、天天說話，彼此之間卻沒有交流，彷彿和對方形同陌生人。這個事實不僅在社會上存在，在家庭這個狹窄的圈子裏也同樣存在。我們常聽見父母抱怨他們不理解自己的孩子，而孩子們則抱怨自己受到父母的誤解。我們對待同伴的態度取決於我們對同伴的理解，因此，理解同伴是絕對必要的，它是社會關係的基礎。

老查威克擁有一間非常著名的房地產公司。年老後，他決定把生意交給有生意頭腦的小兒子打理，自己則去地中海享受溫暖的陽光。在臨行前的那一段時間裏，他安排了大量的聚會，不停地給小兒子介紹自己認識的朋友、夥伴。對此，他的兒子很不理解：「爸爸，你不是應該把握時間把你成功的秘訣傳授給我嗎？幹嘛整天給我介紹你的那些朋友呢？」

「我的孩子，你完全沒有弄懂我的這番苦心，」老查威克回答說：「我現在就是在向你傳授我的成功秘訣！我敢說在這個州裏沒有哪個人擁有像我這麼多的朋友，這些朋友就是我最寶貴的財富。從年輕時起，我就很注意培養人脈，努力地打造屬於我的關係網，因為我相信良好的人際關係和成功是密切相關的。我的朋友裏有達官顯貴、有學者、有生意場上的搭檔，甚至對手，還有很多不起眼的小人物，這些年來，他們給了我許多幫助：當我還是個毛頭小子時，是公司裏的一個前輩鼓勵我自己開公司；我的朋友文迪亞借給我一大筆錢；前任警長給我介紹了第一筆生意；我的公司一度瀕臨破產，是建築商法蘭克挽救了我……總之，如果沒有他們我就無法成功！我的孩子，現在我把他們介紹給你，希望你能夠珍視這筆財富。當然，更重要的是，你也要像我一樣努力打造一張適合你的關係網，把事業做得更成功。」

老查威克的成功秘訣也是很多人的成功秘訣。成功者大多是擁有龐大關係網的人。外國成功學有「友誼網」之說。認為喜歡別人又能讓別人喜歡的人，才是世界上最成功的人。

有句諺語說得好，每個人和總統只有六個人的距離。你認識一些人，他們又認識一些人，而他們又認識另外的一些人……這種連鎖反應一直延續到總統的橢圓形辦公室。而且，如果你僅僅距總統六個人的距離，那麼你距你想會見的任何人也就只有六個人的距離，不管他是一家公司的總經理，還是好萊塢的製作人，還是你想讓其加入你的團隊支持你的名人。

交往越廣泛，遇到機遇的概率就越高。有許多機遇就是在與朋友的交往中出現的，有時甚至是在漫不經心之間，朋友的一句話、朋友的朋友的幫助、朋友的關心等都可能化作難得的機遇。每一個成功者的背後都有另外的成功者，沒有人能憑藉自己一個人的力量達到事業的頂峰。所以，從現在開始，你就要努力地培養人緣，吸收大量對你有幫助的人和資源，構建有助於你的事業的關係網。

如果人們擁有更為令人滿意的人性知識，那麼他們將相處得更為容易，這樣令人不安的社會關係就可能得到排除。因為我們知道，不安的社會關係只有在我們相互不理解時才可能發生，由此我們會陷入被表面的裝腔作勢所欺騙的危險之中。

教養欠缺的人只希望保持自己與他人生活的距離，不願合作。

——阿德勒

只有沒有教養者才希望與人保持距離

阿德勒在《兒童的人格教育》中有這樣一段話：通常我們對那些懂得謙讓、互助的孩子會報以「真是有教養的孩子」的評價，而對於那些調皮搗蛋、不願與人合作甚至破壞他人之間的合作關係的人，則成為沒有教養的孩子。可見我們對於有無教養的基本評斷，就是能否很好地與同伴之間合作。有教養的人必須能夠懂得互助、欣賞他人的魅力。這樣教養良好的孩子必然能夠影響他們整個家庭生活的品質。獨立、樂觀、善於合作的品格使他們成為父母們最大的安慰和助手。

每個人都希望成為有教養的人，但教養是不可一蹴而就的，它需要我們在生活中不斷地積累和學習，因此也可以這麼說，教養是很容易學會的，阿德勒就曾說過：「可是教養也是簡單易學的，只要你能抓住它最基本的精髓，那就是合作與欣賞。學會了它們，就如同獲得了教養這棵枝繁葉茂的大樹的種子，從此，只要願意持之以恆地灌溉，必然能夠獲得豐碩的『果實』。」

喬治與查理在同一時期進入同一家公司做事。這兩個人學歷一樣，工作也同樣努力，但愛好卻完全不一樣。喬治注重穿著打扮，說話總是帶著紳士風度，顯得很有品味。查理則不一樣。查理穿著隨意，因為他認為他反正在公司是做苦力活的，只要賣力幹活就是了，穿著品味再高又不能當飯吃。

一次，公司要從基層提拔一個主管，經理將查理和喬治同時報了上去。因為這兩個人工作能力都很強，所以他拿不定主意該選哪一個較好。老闆接到報告後，用紅筆在喬治的名字上打了個勾。老闆說：「喬治不錯，這小夥子秀外慧中。查理太不注重外表了，這麼沒品味，讓他管人，誰會服他？恐怕將來出去和客戶談合同時，還能將客戶嚇跑了呢。」

教養是一個人建立高檔人脈圈的墊腳石。很多時候，人們會根據一個人的衣著教養來決定來評判。衣著裝束在關鍵時候能成為你獲得別人信賴的資本呢。也許你還在倔強地認為，人有豐富的內在氣質就好，不必在乎有沒有品味。話雖如此，但人性的弱點之一就是重衣不重人，你又何苦穿得寒酸小氣，甚至邋邋遢遢，讓別人把你看低呢？

現代社會中，有教養的人在事業、生活中表現出良好的個性，受到人們的歡迎。阿德勒總結出了「有教養的人」具有的十大特徵：

一、守時：無論是開會、赴約，有教養的人從不遲到。他們懂得，即使是無意遲到，對其他準時到場的人來說，也是不尊重的表現。

二、談吐：尤其注意不隨便打斷別人的談話，總是先聽完對方的發言，然後再去反駁或者補充對方的看法和意見。

三、態度和藹：在與別人談話的時候，總是望著對方的眼睛，保持注意力集中；而不是翻東西，看書報，心不在焉，顯出一副無所謂的樣子。

四、語氣中肯：避免高聲喧嘩，在待人接物上，心平氣和，以理服人，往往能取得滿意的效果。扯開嗓子說話，既不能達到預期目的，反而會影響周圍的人，甚至使人討厭。

五、注意交談技巧：尊重他人的觀點和看法，即使自己不能接受或明確同意，也不當著他人的面指責對方是「瞎說」、「廢話」等，而是陳述己見，分析事物，講清道理。

六、不自傲：在與人交往時，從不強調個人特殊的一面，也不有意表現自己的優越感。

七、信守諾言：即使遇到某種困難也不食言。自己說出來的話，要竭盡全力去完成，身體力行是最好的諾言。

八、關懷他人：不論何時何地，對婦女、兒童及上了年紀的老人，總是表示出關心並給予最大的照顧和方便。

九、大度：與人相處胸襟開闊，不會為一點小事情而和朋友、同事鬧意見，甚至斷絕來往。

十、富有同情心：在他人遇到某種不幸時，儘量給予同情和支援。

有教養的人，通常是指那些受到很好的教育，並且養成優良的品德和習慣的人。良好的教養是人一生中最寶貴的財富。

那麼何為有良好的教養之人？

他不一定有人類所有的優秀品德，但是他一定對那些諸如忠誠、勇敢、信任、勤勉、互助、捨己救人、富於社會感等優秀的品德，充滿敬重敬畏敬仰之心。

能給他人帶來歡樂的人顯得更加妙趣橫生。

——阿德勒

極力營造歡樂的生活氣氛

生活中，很多人總是慨嘆人與人之間的隔膜太厚，於是小心謹慎，以致人情冷漠。其實，這隔膜很脆弱，問題是敢於先打破它的人太少。哪怕只是一個微笑的眼神，一次輕輕地點頭，你就已經主動地邁出了第一步。只要每人都邁出一小步，你就會發現，一個微笑，就能讓這層隔膜倏忽不見。

微笑這個最簡單的表情，卻是每個人最美的名片，也是世界上最動聽的語言，但是總有人忽視它的存在，甚至誤用。比如在他人痛苦的時候表現出快樂。歡樂產生於不合時宜的時間和地點，實際上是對社會感的排斥和破壞，這只能是一種分離性的情感，一種征服的工具。好在還有一些人很會運用它，他們總是處在快樂的情緒之中，他們極力營造一種歡樂的氣氛，以之作為他們生活的必要基礎。他們強調生活中光明的一面，在他們中間，我們能夠發現處於不同層次的歡樂。他們中有些人有著孩子氣的歡樂，並且在他們的孩子氣中，有著某些感人的東西。他們對待工作依靠的不是逃避，而是用某種遊戲的、孩子氣的方法，並像在遊戲或猜謎中一樣去解決他們的工作。或許，再也沒有比這種態度中的人更富有同情心和更為美麗迷人的了。

希望獲得幸福的人們，請將你的嘴角輕輕上揚，真誠的微笑就會為你打開一扇心門，打開了心門，你將擁有整個美麗的世界。微笑吧，用微笑傳遞我們的愛心，讓愛遍布世界角落，讓每個地方都常駐春天！

「笑，能夠建立聯繫，同時也能夠摧毀它。」阿德勒如是說。

笑，這種情緒的表達是個奇妙的矛盾體，有時它給人們帶來夥伴，有時又將他們帶走。生活中，我們都願意和這樣的人交往：每一個笑容都飽含真誠。面對他人的成功，他總是真誠地送出祝賀；得知他人的失敗，他總是流露出真心的同情。

杜斯妥也夫斯基作為一個高瞻遠矚的心理學家，曾經說過：「經由一個人的笑比透過一種乏味的心理學調查更能認識一個人的性格！」透過他們真誠的微笑，我們知道他們必然有高度的社會感。因為只有具有高度社會感，將生活的意義定義為與人為善、共同合作、面對生活問題的人，才能對生活中的他人永遠面帶真誠的微笑。

同時，我們都聽到過那些嘲笑他人不幸的帶有攻擊性的笑聲。這類人必然不善於或者根本不樂於與人合作，他們不願意真誠地對待他人，總是豎起一道自我防備的牆。他們幾乎不能笑，自然也就喪失了給予或表現歡樂的能力。因為缺少了笑這個與人連接最好的手段，他們變得越來越孤立，自然也就看不到生活的快樂所在，因為沒有一種快樂是只屬於一個人的。它總是在人們的親密合作之中產生的。

可見微笑是擁有一種多麼神奇的力量，它能將人帶入快樂的中心，也能將人帶入孤獨的崖邊。在生活中，人們臉上的微笑，就是向人表示：我喜歡你，我非常高興見到你！在交際中，微笑的魅力是無窮的。它就像巨大的磁鐵吸引鐵片一樣，吸引著你，誘惑著你，使你無法拒絕它。微笑在人際關係中具有不可估量的價值。它可以創造人際關係的奇蹟，同時也改變著我們自己。

快樂是一種能夠徹底彌合人與人之間距離的情感。它不能忍受人與人之間的隔離。

——阿德勒

快樂是彌合人與人之間距離的情感

有一句古老的西方諺語說：「你笑，全世界都跟著你笑；你哭，全世界只有你一個人在哭。」它以最直接的方式向我們表達了，笑對於自己和他人的意義。阿德勒說：「快樂能夠拉近人與人之間的距離，人們都願意和你分享你的快樂，因為生活中的歡樂是不斷積累的。而當你難過的時候，只能是你一個人在痛苦，沒有人能夠為你解憂，並不是不願意，而是只有你自己才知道你究竟是為了什麼事情而悲傷！」在阿德勒看來，正因為快樂的真諦在於分享，如果快樂不能分享，就不是真正的快樂。它的表現是尋找一個同伴，互相擁抱。快樂的人需要共戲、共性、共賞。因此，它尋求同伴之間的手牽手，它類似於溫暖從一個人身上連接到另一個人身上。沒有減少，只有共用。

事實上，快樂可能是征服障礙的最好表現。歡笑與快樂緊密相隨，一起超越了個性的界限，使自身和對他人的同情緊密相連。於是阿德勒說：「快樂的最高境界是朋友之間的互相信任，即使被離間被挑撥也從未懷疑過彼此，而後幾個人一起實現人生的夢想。」這告訴我們快樂並不是坐等分享，既非一份禮物，也不是一項權利，你得主動尋覓、努力追求，才能得到。這才是真正的快樂之道。

二十世紀美國最傑出的無神論者——西多・德萊特，他把所有的宗教都看成是神話。人生只是一個傻瓜說出的故事，沒有任何意義，但是他卻遵循耶穌所講的一個道理，那就是幫助他人。德萊特說：「如果每個人想在漫長的人生中享受幸福，就不能只想到自己，而應為他人著想。」

有一位學者已很多年沒下床走了，但許多媒體卻高度評價他是最無私的人。

很多常年臥床的人連自己的煩惱都無法化解，他又是如何成為一個無私的人呢？答案就是，他一直遵循著「為他人服務」的信念，並努力去實踐它。

他想盡辦法，收集到了全國各地癱瘓病人的通訊位址，他寫信給他們每個人，透過信件鼓勵他們、關心他們，激勵他們勇敢地與病魔抗爭。他把這些病人組織了起來，讓大家相互寫信鼓勵。

這位學者每年要在床上發出一千四百多封信，給成千上萬的病人帶來了快樂和笑聲。這位學者與其他癱瘓在床的病人最大的不同之處在於，他深切體會到真正的幸福是在幫助他人當中獲得的。蕭伯納說過：「一個以自我為中心的人，一天到晚都在抱怨別人不能使他開心。」只有樂於助人，為他人帶來笑聲，那麼你才能真正的快樂。

海倫・凱勒說過：「任何人出於她善良的心，說一句有益的話，發出一次愉快的笑，或者為別人鏟平粗糙不平的路，這樣的人就會感到歡欣是他自身及其親密的一部分，以致於他會終身去追求這種歡欣。」

所有失敗者之所以失敗，就是因為他們缺少同類感和社會興趣。在處理工作、友誼和性生活中的問題時，不相信這些問題能透過相互合作得到解決。他們所賦予生命的意義是個人所有的意義。

——阿德勒

自私的人很難獲得他人認可

歷史經驗告訴我們，任何人都不能從個人成就中獲益。那種只追求個人成功的人，實際上僅僅是謀求一種虛假的個人優越感，而他們的成功也只對他們自己有意義。我們的意圖及行為也是如此：它們的真正意義僅在於它們對於他人的意義。每個人都努力想使自己變得重要，但是人的重要性在於他對其他人所做的貢獻。如果一個人沒有認識到這一點，他必會誤入歧途。

阿德勒講述了這麼一則故事，是關於一位小宗教團體領袖的。一天，她將所有教友召集起來，告訴他們下週三就是世界末日。教友們驚恐萬分，馬上變賣一切財產，拋棄所有塵世雜念，惴惴不安地等待這個傳說的災難到來。然而星期三過去了，什麼事都沒發生，於是星期四他們要她解釋。

「瞧瞧你給我們帶來的麻煩，我們拋棄了所有財產，告訴遇到的每個人星期三是世界末日，受到嘲笑時，我們還毫不氣餒地重申我們消息的來源絕對可靠。但是現在星期三都過了，而整個世界還是絲毫未變呀？」這位女先知卻回答道：「我的星期三與你們的星期三不相同嘛！」

對此，阿德勒說：「她用私人的意義來逃避譴責，因為私人的意義是無法考驗的。但是任何以私人意義為生活意義的人，都不能獲得他人的認可與尊重。」

自私是天性，它潛藏在每個人的內心深處，在我們的成長過程，我們懂得要不斷地克服自私這一毛病，漸漸地使自己變得不那麼自私自利，但有些人不但不克服反而讓自私變本加厲，眼中除了自己，再也容不下其他任何人。

自私的人總是認為自己最重要，只有自己的東西才是來之不易的，所以他們對自己和自己所擁有的東西格外珍惜。要想讓他們付出哪怕是一點點，他們都會覺得難以忍受，他們根本就沒有朋友。

有一位富人，他擁有的財富很多，可是卻特別自私，好東西全都留著自己用，對自己的妻子、兒女很苛刻，對別人就更是吝嗇。他從來不向別人吐露他的心事，不管是苦還是樂都是一個人獨自感受著。時間久了，大家都不願和他多說一句話，並且慢慢疏遠了他。隨著他的年齡越來越大，他開始覺得自己很孤獨很不快樂。他想得到親人的關心，朋友的親近，但他卻發現，別人都不願靠近他，甚至躲著他。

一個大雪紛飛的夜晚，當他的家人都在談笑風生的時候，他獨自在外徘徊。他來到懸崖邊想一死了之，卻被一個流浪漢攔了下來。流浪漢問他為何想不開，是子女不孝，還是無依無靠。他說不是。

流浪漢又問了他許多問題，可他一直都在搖頭，最後，他忍不住哭了，並把大家對他的態度告訴了流浪漢。流浪漢在傾聽的過程中也找到了原因。於是，流浪漢問：「你現在的心情如何？」富人停止了抽泣，說：「心情好像舒暢了一些。」流浪漢接著說：「你的心情好了一點，是因為你讓我分享了你的苦惱，既然和我分享能讓你快樂，那為什麼不和你的親人分享呢？如果你願意分享你的快樂、你的財富，也包括你的煩惱，你會找回你的快樂。你先前的不快樂和被大家疏遠，是因為你把一切都看得太嚴、太緊，你太自私，不願讓別人與你分享。你把自己拋向了一個死角。由於你的自私，你的世界越來越小，你感到越來越窒息。你要想不再孤獨，就必須告別自私，學會分享。」

聽完這番話，富人若有所思，他謝過流浪漢回家了。從那以後，他一改往日的吝嗇和自私。慢慢地，大家接受了他，他的世界也變得寬闊起來，充滿了歡聲笑語。

人生有太多的東西需要分享，只有分享才能獲得更多，只有分享才會有更多的朋友。自私的人很難與別人建立一種親密的關係，這樣一顆私心只會把他們領進失敗者的隊伍中，特別是在當今社會，沒有合作很難成就一番事業，更談不上有較大的成功。

有些人因為曾經遭遇社會對他的冷漠，從此以後他就錯以為它永遠是冷漠的。

——阿德勒

忽視身邊人即將其推向冷漠的世界

現在高度發達的文化傳播管道，讓我們在精神生活變得更加豐富的同時，也成為我們瞭解某些問題的媒介。因為現實條件的制約，我們不可能回到每個人的童年看他經歷過怎樣的生活，但是影視、文學作品會將他們的經歷傳授給我們，給我們提供一些資訊，因為藝術作品雖然高於生活卻是源於生活的。比如在生活中我們總是會遇到一些很冷漠的同伴，他們拒絕與他人合作，或者在面臨問題時只會做出消極的回饋，即使你想去接近他，給予幫助，也很難找到那個與之接近的機會。這是一個令人困擾、卻很難解決的問題，因為我們找不到問題的根源。

這時文化媒體的作用就凸顯出來了。在一些作品裏我們找到了答案，那就是這些冷漠的同伴，大多數都在兒童時期被家人和周圍的環境所忽視。曾經遭受冷漠的他們，不知道愛和合作是什麼，在他們曾經的歲月裏沒有友善的力量出現過，所以就錯以為這個世界是沒有友善存在的，也就不知道怎樣回應他人的友善，而只以冷漠做回應。

這是一個令人警惕的現象，因為隨著社會競爭的加劇，人們大多忙於自己的事業，忽視周圍的朋友與家人，從而使越來越多的人陷入冷漠的世界，人與人的關係越來越涼薄。這樣下去的結果是不敢想像的。

阿德勒說：「每個人都有對別人產生興趣的能力，但這種能力必須被啟發、被磨練才能得到發展，否則將受到挫折。」我們發現，那些被忽視、被憎恨或被排斥的兒童，會顯得很孤單，他們不能和別人交往，無視合作的存在，同時也對那些能幫助他和別人共同生活的任何事物毫無興趣，甚至會產生一些怪異的行為方式與社會認知。心理學研究告訴我們，這是因為他們對別人產生興趣的能力，沒有被啟發出來。因為被忽視、被冷落，在他們開始對他人發生興趣的初期，這種能力就被扼殺了。他們對社會感的認識沒有得到很好的發展。

阿德勒認為，多數情況下，出身為孤兒或者私生子的兒童，通常很難獲得成功，因為他們在兒童時期，沒有父母共同的撫養，沒有被很好地重視。

所以當生活中我們面對從這種情境中成長起來的同伴時，我們需要給予他們更多的關注與耐心。因為他們幾乎都需要很多幫助，來修正他們對待問題的方式。儘管有些人表現出來的生活態度是正常而積極的，但是這種兒時被忽視的印象必然在他們的人格形成中產生某些影響，只是暫時沒有遇到讓他們爆發的情況。比如一個事業成功、友愛夥伴的人，卻對感情生活不認真，其實就是因為兒時的經歷讓他們對愛情不信任。因此，要想更好地幫助周圍這樣的人，首先就需要幫助他們認清生活的意義，重新建立對感情的認知。

如果我們發現並瞭解了生活的意義，那麼我們就擁有了開啟人格的鑰匙。

——阿德勒

合作是開啟人格之門的鑰匙

阿德勒說：「人的特徵是永遠無法改變的，但事實上，這只對那些未曾把握住解開這種困境鑰匙的人來說是正確的。因為他沒有找出最初的錯誤，那麼再如何討論當然都是沒有意義的，唯一能夠改進的辦法就是訓練自己能夠更合作和更有勇氣地面對生活。合作，是我們所擁有的、能夠形成健康人格的唯一保障。」在生活中不難發現，那些長期被父母的羽翼保護著、沒有鍛鍊合作機會的孩子，一旦進入學校，問題就出現了。他們不怎樣與人交流，不懂分享與合作的意義，只知道關注自己的需要。

這並不是自私的表現，只是因為他們沒有要關注的認知。在家中自己是時刻被關注的對象，沒有人需要得到他們的關注，他們也很少有機會與人合作。

個人的脆弱、缺陷和限制是天然存在的，這註定了我們每個人都要以群體的形式生活，那麼如何能更好地與我們的同伴共贏，是我們每個人唯一要思考的問題。通過對現實生活的整理，使我們認清阿德勒這一人生哲學：一個人對於自己和全人類利益的最大貢獻，就在於與他人合作。生活中的所有問題都需要合作，包括生命的延續。缺少合作精神的人註定被周圍的人所拋棄，因為他的存在對於他人沒有意義，對整個人類更談不上貢獻，最終只能被淹沒在歷史長河中，不留一絲痕跡。

在非洲叢林中，號稱「叢林之王」的獅子往往長期處於饑餓之中，這是為什麼呢？答案就是獅子捕獵的時候都是獨來獨往，而叢林裏另一種食肉動物——鬣狗，則是成群活動，大的鬣狗群有數百隻，小的也有幾十隻，它們很少自己獵食，而是等獅子把獵物殺死以後，從這個「叢林之王」嘴裏搶食！

雖然單個鬣狗對於強大的獅子來說根本不值一提，可是成群的鬣狗團結起來卻讓「叢林之王」望而卻步——爭奪的結果，往往是獅子在旁邊看鬣狗分享自己辛苦狩獵的成果，等到鬣狗吃完了揀一些殘羹以果腹。

有這麼一種人，他們像獅子一樣，能力超群，才華橫溢，自以為比任何人都強，但他們不會團隊合作，因此他們幾乎找不到一個可以合作的同事和朋友。其實很多時候幫助別人，並不就意味著自己吃虧，其結果很可能是皆大歡喜的雙贏局面。

杜勒和奈斯丁是一對好朋友，都是在奮鬥中的畫家。由於貧窮，他們必須半工半讀才能夠繼續學業。可因為工作占去他們許多時間，兩人的畫藝進步很慢。夢想的遙遙難及撕扯著兩個人。困惑了良久，兩個人想出一個辦法，決定以抽籤的方式決定，一個人工作來支援彼此的生活費，另一個人則全心學習藝術。

杜勒贏了，得以繼續學習。而奈斯丁則辛勤工作，供應兩個人的生活所需。不久後，杜勒前往歐洲各城市學習，奈斯丁繼續無怨無悔、任勞任怨地工作著，賺取兩個人的生活及奈斯丁的學習費用，守衛著自己的承諾。

幾年後，杜勒成功了，他按照兩個人當初的約定找到奈斯丁，履行支持奈斯丁學習的協定。可他發現，由於為了支援自己而辛勤工作，奈斯丁那原本優美敏感的手指已經僵硬扭曲，遭到終生的損壞，已經不能靈敏地操作畫筆了。杜勒心痛如絞。奈斯丁卻寬厚地笑著，他竟絲毫沒有因為自己無法完成自己藝術家的夢想而難過，心中卻儘是為朋友的成功而得到的興奮。

這天，杜勒去拜訪奈斯丁，發現奈斯丁正合著雙手，跪在地上，安靜而誠摯地為他做成功禱告。天才藝術家雙眼潮濕，將朋友那雙禱告的手畫了下來。這幅畫成為舉世聞名的《禱告的手》。

在現代社會，想成功，很多時候需要合作者的幫助。一個人如果能夠遇到願意無私地幫助自己的人，則是非常幸運的。

阿德勒在《生命對你意味著什麼》中說：「沒有人是人類的唯一成員，我們身邊有其他人，他們與我們息息相關。」人從出生之日起就註定了我們不會是人類社會中的唯一，即使聲稱自己離群而居、隱世的人也不敢宣稱自己與世隔絕。因為人類是一種群居動物，離開群體生活的個體是無法生存的。

人類身體天然的脆弱性註定了單獨的個體是無法實現自己人生目標甚至是無法生存的，所以我們身邊必然有其他人伴隨，可以說我們每個人都是息息相關的。關愛周圍的人，其實是為了建立更完美的個人人際關係。

過分自以為是的人和極度驕傲自大的人是無法觸及人性的科學的。

——阿德勒

以謙卑的心獲得更多的人讚揚

阿德勒自己說過，他的心理研究是一門為了更好地為人類謀利益的學問，而且人性科學應該被視為是一門有許多工具可供使用的藝術，這是一門與所有其他藝術緊密相關並且對其他藝術有指導性的藝術。他在《生命對你意味著什麼》中說：「可以說對人性問題的解答是生活向我們提出一個巨大的任務，解決它是自古以來我們人類文化追求的目標。由於現在我們相互隔離的生活，所以我們當中沒有人能真正深刻地理解人性。而那些聲稱自己精通這門科學的人，基本上對此沒有什麼必備的研究，只是如孩子般地把自己所知的隻言片語展示出來，並奉為經典。這種自以為是的精神根本無法觸及任何科學的內涵，討論人性的科學。」

阿德勒認為：「因為人們對人性的理解上格外敏感，以錯誤的方式對他人性格做出斷言，或在不適當的時候對他人性格做出結論，都只會對人造成極大的傷害。」

人性科學迫使我們謙虛，因為它是從靈魂深處探尋出來的事實。人們只有用謙虛和謙卑的態度才能到達科學的彼岸。如果你將你的想法說成是別人的創造，讓他產生一些優越感也不失為一個好辦法。正如法國一位哲學家說：「如果你想樹立一個敵人，那很好辦，你拚命地超越他，擠壓他就行了。但是，如果你想贏得些朋友，有個好人緣，那就必須得做出點小小的犧牲——那就是讓朋友超越你，走在你的前面。」其實這個道理很簡單，每個人心中都有一種當重要人物的需求，一旦別人幫助他實現了或讓他體驗了這種感覺，他當然會對這個人感激不盡。當別人超過我們、優於我們時，他會感受到一種超越感，但是當我們凌駕於他們之上時，他們內心便會感到憤憤不平，有的產生自卑，有的嫉恨在心。

一位專門設計花樣草圖的推銷員尤金·威爾森，他推銷的對象是服裝設計師和紡織品製造商。連續幾年，他幾乎每個月都去拜訪紐約一位著名的服裝設計師。「他從來不會拒絕我，每次接待我他都很熱情，」他說：「但是他也從來不買我推銷的那些圖紙。他總是很有禮貌地跟我談話，還很仔細地看我帶去的東西。可到了最後總是那句話：『威爾森，我看我們是做不成這筆生意的』。」

經過無數次的挫敗，威爾森開始認真地總結經驗，得出的結論是自己太墨守成規，他太遵循那老一套的推銷方法，一見面就拿出自己的圖紙，滔滔不絕地講它的構思、創意，新奇在何處，該用到什麼地方……聽煩了的客戶出於禮貌會等到他將話講完。威爾森認識到這種方法已太落後，需要改進。於是他下定決心，每個星期都抽出一個晚上去看處世方面的書，思考做人的哲學，創造新的熱忱。

沒過多久，他想出了對付那位服裝設計師的方法。他瞭解到那位服裝設計師比較自負，別人設計的東西他大多看不上眼，他抓起幾張尚未完成的設計草圖來到買主的辦公室。「鮑勃先生，如果你願意的話，能否幫我一個小忙，」他對服裝設計師說：「這裏有幾張我們尚未完成的草圖，能否請你告訴我，我們應該如何把它們完成，才能對你有所用處呢？」那位買主仔細地看了看圖紙，發現設計人的初衷很有創意，就說：「威爾森，你把這些圖紙留在這裏讓我看看吧。」

幾天後，威爾森再次來到他的辦公室。服裝設計師對這幾張圖紙提出了一些建議，威爾森用筆記下來，然後回去按照他的意思很快就把草圖完成了。服裝設計師對此非常滿意，並且全部接受了。

你看，當你不再極力顯示自己的聰明時，人家就接受你了。

當美國總統羅斯福入主白宮的時候，他認為自己如能有七五%的時候是對的，那就已經達到他希望的最高程度了。

當你能確定你五五%的時候是對的，你可以到華爾街去一天賺一百萬元。假設你不能確定你五五%的時候是對的，為什麼要告訴別人他們錯了呢？為此阿德勒說：「如果你想要別人討厭你、排斥你，那就儘管表現你的聰明，但如果你希望被人喜歡、受人歡迎，那就虛心一些吧，多聽聽別人的意見，這樣才能得到對方的肯定，有個好人緣。」

第七章

阿德勒談情說愛——讓愛情成就幸福一生

阿德勒在婚姻家庭方面給我們留下了很多真知灼見。在阿德勒看來，兒童在發展的早期，便開始形成他對愛情和婚姻的展望。他說：「當兒童產生對異性的興趣，並選擇他們所喜歡的對象時，我們絕不可以認為這是一種錯誤、胡鬧或性早熟，更不應該嘲弄他。我們應該把它當作他們邁向愛情和婚姻的一個步驟。」

愛無時無刻不圍繞在我們的身邊，而那些感覺不到這種依附關係的人，則很有可能出現精神方面的狀況。

——阿德勒

愛是一種依附關係

阿德勒認為，愛是一種依附關係。佛洛伊德發現人們總是與那些深刻影響他們的事情保持著密切的依附關係，這樣人們才能在日常生活中感知到自己的情感，而他將這種依附關係稱之為愛。

阿德勒對愛的解釋，與我們對愛的常識性認識有很大的不同。我們可能僅僅認為愛只是一種強烈的感情、深切的體驗或者是對他人的依戀，愛只存在於人與人之間。而阿德勒卻將愛的範圍拓展到人們生活中所接觸的一切事物，他將人們對事物產生的各種感情均歸結為愛。於是，愛就成為人們與事物之間的一種關係，即依附的關係。

當兩個物體產生依附關係的時候，它們便緊緊地聯繫在一起。不論是兩個吸附在一起的磁鐵，兩個因共同利益而產生合作的商人，還是出於個人愛好而對某件事物產生興趣的個人和事物，他們都以一種依附的關係發生了關聯，而根據阿德勒的觀點，這些都可以稱之為愛。

日常生活中，我們只把男女間彼此產生的興趣稱為愛。然而，使人們產生興趣的，並不僅僅只是男女之間的感情。

男人還可能對體育運動、汽車、音響……產生興趣，女人則會對衣服、首飾、化妝品……產生濃厚的興趣，這樣的一切都被人們加以各種其他的稱呼，譬如嗜好、品味等，而從不與愛產生關聯。

其實，所謂的興趣、嗜好與愛，它們之間往往存在著共性。我們可以說我愛我的妻子，我們也可以說我愛這項運動，我愛這部電影。愛的對象與興趣、嗜好的對象是可以互換的。或者，從這種意義上講，興趣與嗜好就可以認為是「愛」的另一種稱謂。那麼，愛的範圍就可以擴大到如同阿德勒所認為的那樣了。

在阿德勒看來，愛僅僅是一種依附關係，它與感情並沒有太大的聯繫。一對處於熱戀中的青年男女，他們可能深愛著彼此，可以從彼此的依戀中體驗愛情帶來的愉悅。但是，隨著時間的推移，他們對愛情的體驗將日漸變得麻木，一對相處了三年的情侶不可能再有最初三個月時的強烈體驗。這或許可以用上文所說的神經學科的知識加以解釋，但是，在這裏要強調的是，他們之所以還在一起，正是一種依附的關係在發揮作用。

透過這種依附關係，他們可以從之前的熱戀經驗中得到處理當前感情的方法，他們可以繼續確認他們彼此之間的戀人關係。**依附關係可以使愛情得到持續，儘管人們對愛情的體驗會隨著時間的流逝而不斷消亡。**

愛會給我們帶來愉悅，也會給我們帶來痛苦。很多時候，處於痛苦中的戀人也不願輕易地放棄對方。因為，他們之間已經形成了一種依附關係，他們需要維持這種關係來繼續自己的生活。

即使戀人結束了彼此的戀愛關係，在很長的一段時期內，他們還有可能處在糾纏不清的境況之中。愛情雖然結束，但他們彼此之間的依附關係依然存在。

當阿德勒把愛的範圍無限擴大後，人們的依附關係也隨之無可避免地增多。有些依附關係緣於我們的經歷和選擇，而另一些則可能來自我們的欲望和需要。在我們所做的各種選擇中，思想並不是唯一的主宰。有時，我們可能還會受到身體、本能以及生活的驅使。而當依附關係形成時，我們便要按照它所規定的軌跡前進。

按照阿德勒的觀點，我們每個人都擁有依附關係。也就是說，我們每個人都是擁有愛的人，置身於愛中的人。阿德勒從精神分析的角度向我們解釋了「愛是什麼」，在他的眼裏，愛的情感色彩已經消失殆盡，愛已經成為了一個中性的、具有功能性的名詞。

對一個人的全部要求，以及所能給予的最高評價，就是：他在工作上應當是位好同事，在愛情和婚姻中應當是好夥伴，是個真正的伴侶。

——阿德勒

家庭和事業相輔相成

「對一個人的全部要求，以及所能給予的最高評價，就是：他在工作上應當是位好同事，在愛情和婚姻中應當是好夥伴，是個真正的伴侶。」能獲得這樣的評價的人，是應該自豪的，因為這意味著他成功地以合作方式擔負起解決生活三大問題的責任。他對於愛情、合作與社會興趣之間的關係有著極為清楚的認識。

在阿德勒的愛情哲學裏，家庭是事業的搖籃，事業是家庭的依靠，家庭和事業在某種程度上起著相輔相成的作用。但在今天，有許多人忽視對婚姻、家庭的關注，認為婚姻不用經營，結了婚可以安枕無憂了。殊不知在決定幸福方面，幸福的婚姻遠比其他任何事情都更重要。如果你婚姻幸福，無論你承受多少事業上的挫折都無所謂，你仍會相當快樂。但是，如果婚姻不幸，那麼無論你的事業有多麼大的成功，都感覺有缺憾，你仍很難有成就感。阿德勒在《阿德勒的智慧》中說：「對於我們每個人來說，家庭是和事業同樣重要的。有些人用事業的忙碌作為虧欠家庭的藉口，這是內心自卑的表現。沒有人能夠用事業的成功來替代婚姻所帶來的幸福感。」

人類有兩性。愛情和婚姻就屬於這種關係，它們是使生命延續下去的保證。個人和團體共同生命的保存都必須顧及這個事實，每個男人或女人都不會對此問題避而不答。

人類由兩性構成，人類的延續依賴這兩性的關係。個人以及團體生命的維持都須顧及到這一事實。愛情和婚姻就屬於這個約束。

任何男女的生命中都會面對這一問題，而對這一問題的所作所為，就是他對此的答案。人類有許許多多的不同方式以圖解決這一問題，他們的行為總是揭示出他們所相信的唯一解決方式。

一個人，如果只能獲得事業的成功，並不能成為一個真正意義上成功的人。人們都會說愛情事業雙豐收的人，才是真正獲得成功的人。《禮記・大學》中說：「古之欲明明德於天下者，先治其國；欲治其國者，先齊其家；欲齊其家者，先修其身；欲修其身者，先正其心；……心正而後身修，身修而後家齊，家齊而後國治，國治而後天下平。」古代那些要使美德彰明於天下的人，要先治理好他的國家；要治理好國家的人，要先整頓好自己的家；要整頓好家的人，要先進行自我修養；要進行自我修養的人，要先端正他的思想。這是儒家傳統思想中知識份子尊崇的信條。以自我完善為基礎，透過治理家庭，直到平定天下，是幾千年來無數知識者的最高理想。

人生要想打開通往幸福之門，怎樣處理好兩性之間以及家庭的關係，是一把必不可少的鑰匙。

愛情及其結果——婚姻，都是對你的伴侶最親密的奉獻，它表現在心靈上的心心相印，身體上的吸引以及對孕育下一代的共同願望上。我們能夠很清楚地看出，愛情和婚姻有合作的一面，這種合作不僅為了兩個人的幸福，更是為了人類共同的利益。

——阿德勒

愛情和婚姻有合作的一面

幸福的婚姻是靠雙方的努力共同營造出來的，單靠一方的努力最終只能走向失敗。

在阿德勒生活的一個小鎮，延續著這樣一個古老的風俗：夫妻在舉行婚禮之前，先要被帶到一片廣場上，在那兒已經事先準備好了一顆被砍倒的大樹。這對夫妻所要做的就是用一把兩端都有把手的鋸子，將這棵樹鋸為兩段。如果他們無法協調合作，相互掣肘，必然會無功而返。如果其中一個較有主導欲，而另一個又甘於被領導，結果也只會事倍功半。只有當兩個人同心協力的時候，這棵樹才能以最快的速度被鋸斷。

很明顯這是在向新婚夫婦傳授一個婚姻哲學：合作是婚姻的首要條件。婚姻由兩個人共同組成。既然其中出現的問題是兩個人共同造成的，怎麼能夠要求一個人去解決，他又怎麼能夠解決得了呢？而且，一旦兩個相戀的人結為夫妻，那麼事實上他們將要面對的婚姻生活中的問題，就不僅僅是兩個人的問題，而是兩個家庭的問題。而要一個對自己家庭瞭解不深的人來解決問題，想必也不會取得好效果。所以合作是婚姻長久幸福的首要條件，只有雙方共同合作，才能以接近完美的方式獲得成功。

據此阿德勒說：「美好而有結果的愛情需要彼此對對方有同等深厚的興趣以及相互合作。」兩人因為相互吸引才能走到一起，如果失去了對彼此的興趣，那麼愛也就隨之逝去了。但是我們要清楚對彼此的興趣與欣賞，並不意味著我們只能以最完美的姿態出現在對方的眼中。因為沒有一個人是完美的，更不可能在生活中時刻保持完美。我們愛一個人就要對他的缺點也充滿包容。

有這樣一個故事，一個女孩同時得到兩個人的追求。起初她很難抉擇，因為她對兩個人都有感情，都喜歡，卻又發現每個人都有缺點，讓她很猶豫。她問了很多朋友、家人，都無法得到完美的答案，直到有一天在海邊看到一對白髮蒼蒼的夫妻，她決定試試問問他們的建議。老婆婆聽到女孩的困擾後，微笑地看了看身邊的老伴，然後說：「真正能牽手到老的戀人，並不是對方在你眼中沒有缺點，而是他的缺點是你能包容的。一旦包容了缺點，剩下的只有優點，自然能夠白首到老。」女孩頓悟，經過片刻的思考，微笑地離開了。

陷入愛情的彼此，如果能夠包容對方的缺點，那麼生活剩下的就只是對彼此優點的欣賞，又怎麼會不幸福呢？「一個人的勇敢程度和合作能力大小可見於他對異性的接近方式。」阿德勒如是說。

不敢正視愛的人是無法成功的。愛是一個需要極大的勇氣才敢涉足的領域，從此你將擔負兩個人的幸福。

一個只敢把自己的活動範圍限制在自己家庭中的人，是絕對沒有辦法得到愛情的。因為他把自己局限在家庭之中的原因，就是缺乏與他人合作的能力，沒有社會感，對陌生的世界缺乏安全感。

試想，一個自己都沒有安全感的人，怎麼能給他人安全感？可以這麼說，對於愛情都沒有勇氣的人，勇敢程度和與人合作的能力一定是極低的。他只把興趣停留在極少數最熟悉的人那裏，因為他害怕在與別人相處時，他人不能以他習慣的方式來讓他控制局勢。

對於這類人，有一種認知叫伊底帕斯情結。其實他們多數只是被母親寵壞的孩子，他們兒時的經歷、受過的教育使他們相信：他們的願望被實現是自然發生的，所以根本不願意憑藉自己的努力從家庭範圍之外贏取溫暖和愛情。那麼在他們的愛情觀裏，愛人不是與之合作的伴侶，而是僕人。這樣的人註定會是愛情世界的失敗者，他們不能勇敢地邁出自己的生活圈子，只會無限誇大愛情的難度，或者輕視愛情的魅力。他們只願活在自己熟悉的氛圍裏。這種膽小的人必然是無法面對愛情以及婚姻生活中紛至沓來的問題的。

浪漫的理想會排除掉所有戀愛對象，因為現實中沒有什麼愛人能達到理想水準。

——阿德勒

生活中不能將伴侶理想化

「金無足赤，人無完人」，對於愛情更是不能苛求完美。有的人會想像一種浪漫、理想或不可企及的愛情，這樣他們便可沉迷於感覺中，而不需在現實中找一位伴侶。

從前，一個小夥子給自己的新娘寫了一首詩，然後將它塞進一個玻璃瓶中，扔進了大海中。許多年後，有人在海邊發現了這個漂流瓶和裝在裏面的情詩。

情詩的內容是這樣的：

這封信是我對你的愛。可是，我不敢肯定你將在什麼時候看到它。或許，這只漂流瓶一直在大海中漂流下去，你永遠都看不到它。或許，它終有一天會展現在你面前，再一次表達我對你熾熱的愛意。

但是，不管怎麼樣，我都要向你保證，我會愛你一輩子，我會用一生的時間守護你，陪伴在你的左右。即使我們已經變成了牙齒鬆動的老人，我也會深情地親吻你，就像我們的初吻那樣甜蜜。

——愛你的丈夫，湯姆

發現情書的人歷盡千辛萬苦，終於找到了湯姆妻子的聯繫方式，並把這封情書郵寄了過去。之後，他收到了這位夫人的回信。但是內容卻讓他大吃一驚。在信中，這位夫人首先表達了對他的感謝，然後，這位夫人用憤怒的語調說道，我和湯姆早就分開了，他有了別的情人，而我們就此分道揚鑣，各自組建了新的家庭。

湯姆在情詩中表達的愛情是熾烈的，然而他的婚姻結局卻是帶有諷刺性的。難道強烈的愛不能保證婚姻的完滿嗎？難道婚姻真的是愛情的墳墓嗎？

這正是婚姻中讓人倍感矛盾的所在。人們發現，當兩個人步入婚姻的殿堂之後，愛就慢慢地從婚姻中消失了，好像從來沒有存在過一樣。對此，阿德勒解釋說：「婚姻中的人往往喜歡拿自己的婚姻和外在的感情進行比較，當他們發現自己的婚姻關係並不能帶來比外在感情更多的愉悅時，他們就會對自己的婚姻關係感到不滿，從而造成婚姻中的裂痕。」

一些偉大的文學作品也將眼光放在婚姻之外的愛中，對婚姻中的愛絲毫提不起精神。比如《包法利夫人》、《安娜・卡列尼娜》。這兩部作品中的女主角都是透過對婚姻之外的愛的追求而否定了她們婚姻中的愛。

在現實生活中，處於婚姻關係中的人也往往會忽視了愛的存在。他們經常談論的是一些生活中的瑣事，比如丈夫的衣服或者妻子的廚藝，很少談及自己與愛人的感情。或許這些處在幸福婚姻中的人認為愛已經成為他們彼此身體中的一部分，不值得一再提起了吧。

阿德勒說：「愛可以使婚姻幸福，也可以使婚姻破裂。每個人都是有缺點的，如果在婚姻中，彼此可以包容對方的缺點，並一如既往地深愛對方，那麼他們的婚姻將是幸福的。然而婚姻生活是一面鏡子，它可以迅速將雙方的一切本性都毫無隱晦地展露在彼此眼前。面對著在浪漫愛情中尚未察覺的缺點，夫妻雙方很少能夠彼此包容。對於突如其來的發現，他們往往會陷入失望、不滿之中。不論哪一方心懷抱怨，他們的婚姻都將會遭受重創。」

在甜蜜的愛情世界裏，女人編織了一襲華美的羽衣並將之披在自己所愛的那個男人身上，她們沉醉於自己精心營造的美好幻境中。

如果沒有經過學習，成人生活所面臨的危機是很難應付的。因為我們一直都習慣遵照自己生活風格的習慣對所面臨的問題做出反應。

——阿德勒

婚姻也需要準備和學習

在各種文學和藝術作品中，我們越來越頻繁地發現諸如「愛情字典」、「我們為愛還在學」等詞或句子，可見人們已經開始認識到，愛情以及婚姻不是人的一種天生技能，很多成年人在婚姻這門學問裏，可能並不比兒童瞭解得更多。

阿德勒說：「人對於愛情和婚姻第一個要學習的就是對待的態度。如果我們細心總結，會驚奇地發現，很多人的愛情態度在五、六歲時便已初具輪廓了，對愛情和婚姻的展望就已經形成。兒童很早就顯現出他們對異性的興趣，並選擇他們喜歡的對象，這時，我們絕不可以錯誤地認為這只是一種不成熟的、胡鬧的或者性早熟的表現。我們不應該嘲弄它，或拿它當笑話。相反我們應該把它看作這是他們邁向愛情和婚姻準備的一個步驟。」在阿德勒看來，孩子在心中建立一個正確的認知，會讓他們在以後的生活中，能夠以教養良好、真誠奉獻的姿態和對方交往。我們將會發現，這些孩子會成為一夫一妻制最忠誠的擁護者。即使他們父母的婚姻並不十分和諧，他們也不會受其害。因此，婚姻是需要準備的，不僅僅是在物質上，一樁美好的婚姻更多的是心理上的準備。

雖然愛被人們不斷地談論，但是它仍然被許多人所誤解。大多數人對愛存在著錯誤的認識，阿德勒將其歸納為三個方面：

一、大多數人把愛看成是如何被愛的問題，而不是如何愛人以及自己有無愛的能力的問題。在這種觀點的影響下，人們盡力使自己具有吸引力，盡力讓自己看起來更可愛。對於男人來說，他們會努力拚搏、積極進取，使自己可以取得一定的經濟基礎和社會地位。因為從男人的角度來看，女人更喜歡經濟基礎雄厚、社會地位高尚的男人。

事實也的確如此。心理學家曾經做過一項關於吸引力的調查，透過這項調查，他們發現，在人們中間存在著一種匹配現象：人們在挑選配偶的時候，往往喜歡那種可以和自己條件相匹配的人。比如，「門當戶對」；漂亮的女人喜歡帥氣的男人，如果男方在外貌上無法與女方相匹配，那麼他必須在經濟地位、社會地位上取得一定的成就。男人們都深諳此道，所以為了能夠獲得女性的喜愛，大部分的男人都會努力提高自己的經濟地位和社會地位。對於女人而言，她們則會使自己的外表看上去更加美麗，自己的性格更加可愛。而這也可以用匹配現象來加以解釋。

二、很多人把愛看成是關於尋找愛的對象的問題。現實生活中，我們也可以經常聽到人們發出這樣的抱怨：自己的愛情之所以會失敗，是因為彼此不合適；自己之所以還沒有找到愛情，是因為還沒有合適的人出現。

這是一種深受社會傳統影響的觀點。在社會傳統中，兩個人的結合是要考慮多種因素的，比如財產、權力等。在這種情況下，愛退居到了次要的地位，而合適的結婚對象成為婚姻中主要考慮的因素。隨著社會的發展，浪漫主義開始盛行。在這種注重個人感覺的思潮影響下，人們更看重對象給自己帶來的身心愉悅。因此，尋找合適的對象成為人們對愛的一種根深蒂固的認識。

三、許多人將愛看作是一剎那的情感體驗，而不是一種永久性的狀態。這在上文中已經反覆討論過。人們往往追求一種浪漫激情之愛，並把這種愛看成是彼此之間深深相愛的證明，而當這種愛的激情程度逐漸降低後，他們就會覺得兩人之間的愛已經消逝，並做出分手的決定。許多人對於愛的認識就停留在這一階段，他們不會將平淡的婚姻生活當作是愛的存在的證明。

由此可見，人們對愛的誤解是一種較為普遍的現象。他們總是將愛看作是一種偶然幸運的情感碰撞，看作是一種「緣分」，而從沒有認識到愛是需要經過學習才可以習得的能力。

阿德勒對愛的理論指導實踐，是希望我們可以更好地享受愛的甜蜜。那麼，就讓我們更新自己的認識，摒棄自己錯誤的觀點，認真地學習、實踐愛的藝術吧！

一個人，如果他不敢在外界勇敢地對待愛情問題，那麼他便永遠無法成功地解決這一問題。

——阿德勒

愛，一定要學會主動表達

阿德勒說：「在人們天然的認知中，至少在我們的文化情況下，對於男女之間愛情的締結，通常人們多期望男性採取主動，先表示出愛慕之意。無論男人女人基本都有這樣根深蒂固的認知。那麼只要這種文化要求繼續存在，男性要想更好地獲得愛情，那麼就要學會勇敢地表達愛。」其實對於這種認知，為什麼在某種程度上阿德勒是鼓勵的，因為在他看來，它需要男性培養出一種主動、不猶豫、不退縮的生活態度，而這恰恰是人類取得生命的發展、人生的成功所必需的品德。這種生活態度，能夠使他們在面對生活問題時更積極，更有勇氣和信心。

愛情的追求，需要有一個人占主動，因為在戀愛開始就兩情相悅或一見鍾情的人極少，因為男孩可能比女孩「臉皮厚」，不怕被拒絕。男孩被女孩拒絕一百次，他可能還會堅持追求這個女孩，而女孩常常忍受不了男人的一次拒絕。女孩往往不能死纏自己中意的男人，因為這樣會被世俗看成放蕩，而男人對一個女孩死纏爛打，往往會被人看成是征服女孩的一種氣概和無畏。因此，在戀愛的「攻防」中，男人往往要主動一些，當然，在現實中的戀愛裏，辛苦的常常也會是男人。男人在愛情的追求上縮手縮腳，受害的是他自己。很多的大齡男青年婚姻問題得不到解決的原因，往往就是缺乏主動。他們不知道，對自己心愛女孩的追求，那是正大光明的事，沒有必要瞻前顧後。可是，很多男人不敢對自己中意的女孩主動追求，他們有很多擔憂，而那些擔憂有些常常又都是多餘的。

還有就是很多被女孩拒絕的男人，在其他人面前常常會因此感到無地自容，其實，這只是一個人單方面的感覺。在更多人的眼裏，男人追求一個女孩，無論是成功還是失敗，都是一件美好的事，因為那可以顯示出一個男人的多情與血性。追求成功了，那就是完美；追求失敗了，那也是人生的一段浪漫。

面對挫折首先想到的不是怎樣逃避責任，退回自己的安全堡壘，而是積極地面對，努力地尋求解決問題的能力；不會誇大困難的能力，相反會有一種「戰略上藐視敵人，戰術上重視敵人」的良好心態。也許正是這種人們本能的對於男性的要求，才使得男性在社會中獲得了更多的成功。

阿德勒說：「一個人，如果他不敢在外界勇敢地對待愛情問題，那麼他便永遠無法成功地解決這一問題。」在愛情方面，不僅男人要主動，女人也得主動。

女孩都希望能找到一個如意郎君，可是，在愛情的選擇上，女孩往往只會在「防守」中選擇，而男人卻是主動「進攻」者，因此，在這種「防守」與「進攻」的感情交鋒中，女孩往往處於被動。因為女孩就像坐在主人宴席上的食客，很少有人會主動要求廚師做自己喜歡吃的菜，她們對端上來的「菜」只有選擇權。有的人為了「填飽肚子」，對擺在面前的「菜」或是將就著吞嚥，或是勉強著吞嚥，不少人很難吃到可口的「菜」。有人說女孩是一個弱勢群體，其實在戀愛中也不例外，很多女性婚姻的不幸，往往就是錯在最先的被動選擇上，因為開始是「將就著或是勉強著吞嚥」，吃下去以後往往會「消化」不好，影響「身體健康」。

女孩，應該主動把「繡球」拋給自己喜歡的人，把幸福的主動權掌握在自己的手裏，不要做一個只會等待就餐的「食客」，要學會親點自己喜歡吃的「菜」，這樣，就會打造出自己幸福的婚姻盛宴。

倘若女人能夠真正地把家務看作是一種藝術，那麼，從這裏，她能從中獲取樂趣，並把它稱為比世界上任何其他職業都不遜色的工作。

——阿德勒

讓做家務成為一種藝術

幾乎在世界上每一個地方，即使在高度鼓吹男女平等的西方，女性在生活中的地位也經常是被低估，而且被認為是次要的。阿德勒說過：「因為這種不健康的傳統觀念，在童年時期，男性就被教育『君子遠庖廚』。男性也常常把家務看作是僕役的工作，似乎他們的尊嚴不允許他們插手幫助家務。」在東方，人們經常都不把整理家務當作是女性的一大貢獻，而視之為女性應盡的「義務」，把它當作是男性不做的下賤工作。現代女性追求自我實現的價值，反抗的第一項就是完全拒絕做家務。似乎只有拒絕了做家務才能證明男女的平等，她們才能獲得發展她們潛能的機會。其實這是女性反抗社會歧視的一種極端主義表現。

在阿德勒看來，對於做家務，無論是男性還是女性都應該提高認識。他說：「夫妻之間因為家務的分擔而產生的矛盾，究其根源，是因為人們將做家務的地位看低，不把它當成是生活中的藝術，而是當成一種負擔。」

在當今社會中，產生一種誰做家務誰就是被統治者的錯誤認知，好在這種情況現在有了好轉的趨勢。當今社會激烈的競爭與人們對於物質生活的更高要求，使得婚姻雙方都有社會工作的比例在逐漸提升，生活中關於家務責任的被迫協調反而讓人們發現了共同負擔家務的樂趣。越來越多的年輕夫妻不再將做家務視為地位低的表現，相反它被視為一種藝術，一種愛的表達。

結婚之後，新家建立起來了，事情多了，浪漫也沒有了，所以，更多人相信英國詩人拜倫的一句話：「婚姻是愛情的墳墓。」而把婚姻送進墳墓的罪魁禍首之一，就是繁雜的家務。其實，聰明的婚姻經營者不會因為家務的繁忙而忘記了兩個人的浪漫。做家務，說到底是為了婚姻的幸福，如果是家務妨礙了夫妻的幸福，這樣的家務不做也罷。在做家務的過程中，兩個人的快樂是第一位的，然後才是做事。前面說過，家務就是自己給自己的家庭營造幸福的環境。

那麼，如何讓家務不再影響兩個人的幸福呢？

首先，在做家務時，往往是女人的要求更多一些。女人往往愛乾淨，她們做起事來往往也很細緻。同樣她們對男人也會按自己的標準去要求。女人的這種要求，往往成了爭執的導火線。從家務中解放出來，首先要學會理解女人。其實，不論是作為妻子還是作為丈夫，都要對對方有一份理解。因為性別、性格的不同，同一件事，兩個人的標準是不一樣的，這就需要兩個人有更多的寬容和體諒。

其次，男人往往會更懶一些。或許是大男人主義思想的殘留，或許是男人對家庭要負更大的責任，相對女人而言，男人會相對懶一些。可以這麼說，在一個勤快女人面前，再勤快的男人也是懶惰的，因此，在家務上男女之間就成了使喚和被使喚的關係。

千萬不要讓家務影響了家庭的幸福。你可以不去做，兩個人留下更多的時間去體味幸福；你可以自己動手去做事，兩個人就要彼此的理解和體諒，讓家務在輕鬆和諧的氛圍中完成，這樣才能打造出更加幸福的婚姻。

家庭中權威的存在是毫無必要的，而是應當有真正的合作。

——阿德勒

家庭生活中，不需要權威

我們在愛情問題中的第一個發現就是，它是一個需要兩個人通力合作才能完成的任務。它的困難在於，對於大多數人來說，這是一種全新的工作。我們多多少少都曾經學過如何單獨工作，也多多少少學過如何在一群人之中工作。但是，我們通常都很少有成雙成對工作的經驗。因此，這些新的情況會造成一種困難。

可是，如果兩個人以往對他們的同伴都很感興趣的話，要解決這種困難就容易得多，因為這樣一來，他們就很容易對彼此產生興趣。

每一個配偶都應該關心對方更甚於關心自己。是關心，而不是控制，家庭生活中的絕對權威是有百害而無一利的。這是愛情和婚姻成功的唯一基礎。如果每一個配偶對其伴侶的興趣都高過於對自己的興趣，那麼他們之間便會有真正的平等。如果我們都真誠地奉獻出自己，我們就不會覺得自己低聲下氣或受人壓抑。

只有男女雙方都有這種態度，平等才有出現的機會。兩人都應該努力讓對方的生活安適和富裕，這樣才會有安全感，才會感覺到自身有價值，這樣我們才能感受到婚姻有所保障，以及幸福的基本意義。這種感覺讓你覺得，你是有價值的，沒有人能代替你，你的配偶需要你，你的行為正確，你是一個良好的伴侶和真正的朋友。

阿德勒在《自卑與超越》中說：「婚姻是伴侶式的結合，所以兩個人都不應該想要統治對方。」關於夫妻，古希臘人有一個美麗的說法：傳說生命伊始，夫妻是一個整體，身體的形狀猶如一個圓球，在來到人間之前被上帝從中間劈開，所以每個人的一生都在竭力尋找自己的另一半，人生才能完整。但我們都知道，即使原本一體的兩個半圓，在重新找到彼此的時候也不可能馬上就完美地合而為一。

因為在以半圓形式存在的前半生，男人和女人的生命中沒有彼此，只有自己。也許就因為他或她都只是不完整的半個圓，所以稜角鮮明，完全沒辦法瞭解對方。因此，當他們找到了彼此，步入了婚姻的殿堂，真正的陣痛期也就到來了。只有在婚姻中不斷地磨合，他們才能彌合彼此之間的裂縫，再次融合為一體。

但是就如阿德勒告訴我們的，夫妻之間的融合方式不止千萬，但是妄求以統治對方的方式與對方融合卻絕對不會是其中一種。人終其一生去尋找另一半，就是因為自身的不完美，以統治的方式相處，無論是誰統治誰都不可能是幸福的，因為那只會是兩個不完美的半圓的重疊，而不是一個幸福全圓。兩個人只有透過相互調教、相互補充，才能不自覺地培養出一些原來一個人生活的時候沒有甚至也培養不出來的品質，共同在知識上、情緒上乃至精神上取得新的成長。

有人問阿德勒愛情和婚姻意味著什麼，阿德勒回答說：「愛情及其結的果——婚姻，是對異性伴侶最真摯的奉獻。它表現在肉體吸引、同伴關係以及生兒育女的決定之中。愛情與婚姻於人類不可或缺，這不僅是有利於兩者幸福的合作，而且是有利於全人類幸福的合作。」

愛情和婚姻是為了人類共同的利益而產生合作的，秉持這種觀點就能夠解決各方面的婚姻問題。即使是人類各種追求中最本能的肉體的吸引力，對於人類的發展也是必不可少的。人類受自然界的約束，沒有人能夠在這貧瘠的地球上永遠地生存下去。因此保存人類生命的主要方法，就是經由我們的生殖能力和對肉體吸引力的不斷追求，來繁衍後代。兩性的吸引與結合，一直是人類永恆的追求。

但實際上，我們只是想在這種結合中尋求被愛。我們往往會把自己的幸福歸於被他人所愛的程度。一旦得不到這種愛，我們就會陷入無盡的困擾中。

儘管婚姻生活中的種種問題總是困擾著我們，但是它是我們人類傳承的唯一方式，而且其中的魅力也是無法抵擋的。倘若願意真心地為婚姻付出，所有問題都將迎刃而解。我們應該清楚認識到，解決婚姻中所有問題的方法只有也只需要懂得合作和奉獻。

親密而持久的婚姻關係無疑是幸福生活的標誌。

——阿德勒

在婚姻中獲得愛的滿足

阿德勒認為，成熟婚姻中的愛之所以讓人感到滿足，是因為它可以使夫妻二人避免浪漫之愛的壓力。浪漫之愛要求的是一種激情，是對生活豐富多彩的無限幻想。

現在，隨著婚姻生活的不斷推進，如果夫妻二人無法再感受到愛的浪漫，那麼，為了維持婚姻，他們就會把愛作為婚姻的黏合劑使用，而不再去奢望愛能給他們帶來心靈的愉悅。成熟的婚姻則是激情退去後的愛的產物。它已經清楚地認識到愛所經歷的各種階段，所以夫妻二人不會任性地要求愛所帶來的刺激，相反，他們會享受彼此在面前時所帶來的一種溫馨、祥和的感覺。他們可以自由地讀書、聽音樂、追求自己的興趣，而不必擔心冷落了對方。此外，他們還會經由共同的家務勞動來加深彼此的關心，並熱衷於享受共同的勞動帶來的甜蜜感受。

對愛的滿足是婚姻關係穩定、甜蜜的基礎，然而在現實生活中，獲得這種滿足感的夫妻正在逐漸減少，以致社會中的離婚率不斷攀升。

離婚是對婚姻關係中愛的缺失的極端反應。如果夫妻可以耐心地將婚姻維持下去，他們很有可能重新獲得幸福。心理學家曾做過一次全國性的調查，他們發現那些婚姻不幸福但仍然維持婚姻關係的人，五年後被再次訪問時，有超過八成的人認為自己的婚姻現在「非常」或「相當」幸福。如果你希望自己的婚姻從一開始就是幸福的，那麼你最好在結婚之前就要考慮成熟並做出長期廝守的打算。當然，**婚姻是兩個人的事情，我們想要體驗婚姻中愛的甜蜜，還要選對自己的配偶。**

眾多的專家學者都從自己的思路出發對愛情、婚姻做出了一定的研究和陳述。他們所持的觀點不一而足，但都同意這樣一個觀點：愛情是需要經營的。

「親密而持久的婚姻關係無疑是幸福生活的標誌。」阿德勒如是說。我們不難看出，人們沉浸在婚姻所營造的幸福海洋中，汲取愛的營養，體驗愛的滿足，但是，這種親密而持久的婚姻關係正在日益地減少。法國有句諺語：「愛情消磨了時間，時間也消磨了愛情。」如果人們認為婚姻會自動地提供我們想要的甜蜜、平等、愉悅、滿足，那麼我們無疑是在用時間消磨著愛情。因為愛情是一個過程，它的每個階段都會呈現出不同的特點與要求，如果我們陷入時間的盲目之中，只知道伸手向愛情索取，那麼我們的愛情必定不會持久而甜蜜。愛情是需要經營的，只有我們付出必要的努力，我們才能夠阻止愛情的衰退。即使工作繁忙，我們也應該抽出時間陪陪家人；即使對生活有諸多不滿，我們也不應該在愛人面前抱怨不休；即使是為了夢想而奮鬥，我們也不應該只專注於自身，而忽略了愛人的夢想……只有不斷地經營，愛情才可以結出豐美的果實。

只有承諾要創造一段平等、親密、相互支持的婚姻關係的人，他才可能從持久的婚姻關係中體驗到愛的滿足。我們每個人都在生活中孜孜矻矻地追求著這種美滿的愛情，但是，這種美滿的愛情也使我們心生疑慮——會有一個陪伴我終身，始終愛戀我的人嗎？對於人們的普遍憂慮，一位智者給出了他的答案。

「他不是僅僅想跟你來一次感情的遊戲，而是真的愛你。在一份真正的愛情中，每個人都會變得認真而又單純。」

「在愛情中會受到傷害嗎？」

「可能會，」這位智者不會為了安慰他人，而任意歪曲事實，「但是你認真對待的話，你就會咬牙挺過這些傷害。」

「愛的過程是如何的？」

「愛是一種循序漸進的過程，不會是一次完成的。如果你急於求成的話，那你是不可能得到真正的愛情的。它屬於有耐心的人、願意付出的人。一旦你付出真愛，你將會變得專注，並因此而使自己沐浴在美的光芒中。這種美會感化對方，即使你長相醜陋，對方也不會覺得，除非他不愛你。」

因愛而走入婚姻殿堂的人，是兩廂情願的。他們之所以自願住進愛的「圍城」，正是因為他們希望從婚姻中進一步體驗到愛的滿足。這種滿足不僅來自於愛的激情，更來自於愛的樸實、安靜。

成功講座 353

阿德勒
說了些甚麼

海鴿文化出版圖書有限公司
Seadove Publishing Company Ltd.

作者　葉舟
美術構成　騾賴耙工作室
封面設計　斐類設計工作室
發行人　羅清維
企畫執行　林義傑、張緯倫
責任行政　陳淑貞

出版　海鴿文化出版圖書有限公司
出版登記　行政院新聞局局版北市業字第780號
發行部　台北市信義區林口街54-4號1樓
電話　02-27273008
傳真　02-27270603
e - mail　seadove.book@msa.hinet.net

總經銷　創智文化有限公司
住址　新北市土城區忠承路89號6樓
電話　02-22683489
傳真　02-22696560
網址　www.booknews.com.tw

香港總經銷　和平圖書有限公司
住址　香港柴灣嘉業街12號百樂門大廈17樓
電話　（852）2804-6687
傳真　（852）2804-6409

出版日期　2020年01月01日　二版一刷

定價　340元
郵政劃撥　18989626　戶名：海鴿文化出版圖書有限公司

國家圖書館出版品預行編目資料

阿德勒說了些什麼／葉舟著
－ 一版，臺北市 ： 海鴿文化，2019.11
面 ； 公分.－－（成功講座；353）
ISBN 978-986-392-297-1（平裝）

1. 阿德勒（Adler Alfred，1870－1937） 2. 學術思想
3. 精神分析學

175.7　108017062

Seadove

Seadove